LE BURN OUT DES BONS SAMARITAINS

Roberto ALMADA

LE BURN OUT DES BONS SAMARITAINS

La logothérapie comme alternative
à l'épuisement professionnel

Traduit de l'espagnol par Olivier Neri

vie des hommes

nouvelle cité

Titre original : Roberto ALMADA, *El cansancio de los buenos, La Logoterapia como alternativa al desgaste profesional,* © Editorial Ciudad Nueva 2012, Lezica 4358 – Buenos Aires (Argentine)

Composition : Pauline Wallet
Couverture : Laure d'Amécourt

Illustrations de couverture :
p. 1, dessin de Damien Chavanat, © Damien Chavanat
p. 4, portrait de l'auteur, D.R.

Domaine d'Arny
91680 Bruyères-le-Châtel
www.nouvellecite.fr

ISBN 9782853137430

« Un homme descendait de Jérusalem à Jéricho. Il tomba sur des bandits qui, l'ayant dépouillé et roué de coups s'en allèrent, le laissant à moitié mort. Il se trouva qu'un prêtre descendait par ce chemin ; il vit l'homme et passa à bonne distance. Un lévite de même arriva en ce lieu : il vit l'homme et passa à bonne distance. Mais un Samaritain qui était en voyage, arriva près de l'homme : il le vit et fut pris de pitié. Il s'approcha, banda ses plaies en y versant de l'huile et du vin, le chargea sur sa propre monture, le conduisit à une auberge et prit soin de lui. Le lendemain, tirant deux pièces d'argent, il les donna à l'aubergiste, et lui dit : "Prends soin de lui, et si tu dépenses quelque chose de plus, c'est moi qui te le rembourserai quand je repasserai" » (Luc 10,30-35).

À ceux qui souffrent :
Que chacun puisse rencontrer sur sa route un Samaritain.
Et aux Samaritains,
pour que leur tâche ne les épuise pas…

PROLOGUE

« Quant à vous, frères, ne vous lassez pas de faire le bien »
(deuxième épître aux Thessaloniciens 3,13).

On a beaucoup écrit sur le burn out, c'est-à-dire l'épuisement professionnel, depuis l'introduction de ce concept en 1974 par le psychiatre américain Herbert J. Freudenberger dans la littérature médico-scientifique. Depuis, nous avons pris conscience que travailler dans les domaines de la santé, de l'éducation, dans l'action sociale, dans le bénévolat et même dans l'accompagnement spirituel peut être risqué. Reconnaître le danger de travailler dans des situations de grande tension émotionnelle a permis à beaucoup d'institutions et de travailleurs de commencer à prendre des mesures pour prévenir cet épuisement professionnel.

Cependant, bien que le phénomène du burn out soit désormais largement connu, certaines institutions, publiques et privées, ont continué à fonctionner avec une structure dont les mécanismes inappropriés favorisent encore son apparition. De plus, nous constatons que le nombre de personnes affectées par le syndrome croît d'année en année ainsi que la liste des professions à risque. On peut parler dès lors d'une véritable épidémie de burn out qui engendre une grande souffrance personnelle dont seules les personnes atteintes peuvent comprendre la profondeur.

Depuis 1995 j'accompagne psychologiquement des hommes et des femmes qui, par leur choix d'exercer des professions d'aide ou des activités de solidarité dans différents organismes, passent par des moments de stress, de découragement, de désillusion et d'envie de tout laisser tomber. Notons qu'un bon nombre de mes patients sont des chrétiens pratiquants. De plus, en tant que médecin, j'appartiens à la catégorie professionnelle la plus touchée par le burn out.

Après toutes ces années pendant lesquelles j'ai beaucoup appris de ma propre expérience, de mes patients et de la rencontre avec des experts, je suis arrivé à la conclusion que la recherche sur le burn out semble avoir négligé certains facteurs déterminants dans le développement de ce syndrome. Ce livre tente de combler le mieux possible cette lacune. En effet n'a-t-on pas jusqu'alors négligé les aspects relationnels, c'est-à-dire les interactions qui existent, dans les groupes de travail, entre ceux qui aident et ceux qui sont aidés ? Les études jusqu'ici semblent se focaliser presque uniquement sur la personne qui souffre du burn out. Cela est dû à une manière individualiste, et par conséquent réductrice, de comprendre, d'appréhender la personne humaine. Décrire quelque chose à partir d'une de ses caractéristiques n'est pas en tant que tel une erreur, mais prétendre avoir défini l'objet de l'étude dans sa totalité et dans son essence par cette méthode en est une.

Donnons un exemple : une personne qui voit pour la première fois un avion alors qu'il est en train de rouler sur un tarmac peut penser qu'un avion est comme une énorme automobile avec deux immenses ailes qui ne servent à rien. Cela nous fait sourire à juste titre! Cette description d'un avion ne retient pas sa fonction essentielle qui est non pas de rouler sur un tarmac mais de voler! Il en est de même avec la description de l'être humain. Je peux le définir seulement comme un être biologique organique et il l'est assurément, de même qu'un avion peut effectivement rouler. Mais l'être humain ne se réduit pas à sa biologie. Je peux, au-delà de cette première approche, l'appréhender avec une plus grande profondeur et le décrire comme un ensemble de passions, de sentiments et de pensées qui interagissent avec son environnement et ses semblables. Bien que je me rapproche ainsi davantage de la réalité, je ne définis pas encore l'homme dans sa spécificité.

Si la nature d'un avion est de voler, quelle est alors celle de l'être humain? Quelle est son essence? Nous nous confrontons ici à une question très importante et complexe. La difficulté à comprendre la singularité d'une personne humaine, et par conséquent de nous comprendre, découle de ce grand paradoxe : nous sommes à la fois charnels et spirituels. Cette dualité chair/esprit intervient aussi dans nos relations avec les autres et avec le monde.

L'être propre de l'homme et de la femme se trouve donc dans sa capacité à l'auto-transcendance et au don de soi, c'est-à-dire à sortir de soi-même, à partir de sa forme organique, psychologique et sociale, pour s'ouvrir à des valeurs, des idéaux, des activités et des personnes et leur consacrer sa vie. En effet l'être humain n'est pas simplement un être de chair, mais il est aussi un être de chair spirituel, il n'est pas non plus qu'un esprit mais il est un esprit incarné.

Sans cette vision spirituelle de l'homme on ne peut pas, il me semble, bien comprendre le phénomène du burn out. En effet, la plupart du temps la personne appelée à travailler dans des situations de tension émotionnelle n'est prise en compte que dans ses dimensions biologique, sociologique et psychologique. Et on néglige sa dimension spirituelle qui est souvent au cœur de son projet d'aide. Quand on réduit ainsi la personne, il est facile de conclure que le choix d'aider les autres est dû essentiellement à une distorsion cognitive de la *toute-puissance idéaliste.* Bien que cela puisse être possible, il y a aussi bien d'autres motivations. Quand on écoute ces hommes et ces femmes, on se rend vite compte que très souvent ce désir d'aider les autres remonte à leur enfance.

Dans le phénomène du burn out il est aussi important d'étudier la culture qui nous entoure, la postmodernité proposant une forme de vie fragmentée et précaire qui conduit les personnes à une situation de fragilité. En effet, parler de découragement professionnel sans une étude critique du modèle culturel, c'est comme se référer au virus de la dengue et à la fièvre qu'il produit chez les malades sans mettre en évidence la présence du moustique transmetteur du virus et sa relation avec l'eau stagnante dans des récipients abandonnés. Dans ce cas-là nous connaîtrions l'étiologie virale de la dengue et saurions comment la traiter à l'hôpital, mais nous ne pourrions pas stopper l'épidémie.

Nous pouvons alors nous demander : L'épidémie de burn out est-elle le tribut que nous payons à notre époque ?

Époque qui nous rend fous avec ses exigences excessives de rendement et de production et qui évolue dans un certain climat nocif, source de nombreuses souffrances que l'on peut connaître dans le milieu du travail.

J'avoue que j'aborde le sujet du burn out avec une certaine crainte. En effet, le danger est qu'une perspective réductrice du phénomène nous amène à penser qu'aider, être solidaires, travailler avec passion dans les causes que nous embrassons au début de notre vie d'adultes, est dangereux pour la santé et qu'il faut donc l'éviter.

Or le titre de ce livre, *Le burn out des bons Samaritains*, veut nous éloigner d'une conception simplement sociopsychologique du problème et nous renvoie à une valeur : *la personne bonne.* Il est significatif que les mots « bonté » et « bonifier » aient la même étymologie : est bon celui qui bonifie, qui est facteur de fertilité. L'analogie avec une terre épuisée, avec toutes ses conséquences, nous aide à comprendre la situation des bons Samaritains vidés de leur énergie. Les effets de cette situation pour le futur ne ressemblent-ils pas à ceux du déséquilibre écologique ?

L'expression « la fatigue des bons » a été utilisée par plusieurs personnalités. Par exemple, le pape Pie XII disait, pendant la période de la guerre froide et face à l'éventualité d'une hécatombe nucléaire : « Je n'ai pas peur de l'agissement des méchants, mais plutôt de la fatigue des bons » (5 avril 1953). Martin Luther King manifestait une crainte similaire : « Ce qui m'effraie, ce n'est pas l'oppression, la cruauté des méchants ; c'est l'indifférence, le silence des bons. » Les conséquences politiques, économiques et sociales qui dévasteraient un monde dans lequel la fatigue des bons permettrait le libre agissement des méchants sont inimaginables et dépassent la portée de ce livre. Friedrich Nietzsche le pressent ainsi, avec une force prophétique et un genre littéraire apocalyptique, dans son livre *Ainsi parlait Zarathoustra* : « Et je vis une grande tristesse s'emparer des hommes. Les meilleurs se lassèrent de leurs œuvres [1]. »

Le but de ce livre, peut-être un peu audacieux, est donc de contribuer à ce que la terre continue d'être bonifiée par les personnes bonnes, par les personnes honnêtes, en apportant une aide à ceux qui aident. Comme ces bons Samaritains, souvent surbookés, ont très peu de temps pour eux, je voudrais leur offrir une synthèse de mes analyses. Pour eux il est souvent plus important d'agir que de parler et faire de grands discours. C'est pourquoi je vais essayer d'être plus concret que théorique. Et je n'oublie pas que dans leur choix du bien ils ont développé un regard transcendant qui pénètre jusqu'au fondement des choses. J'essayerai donc de ne pas les décevoir avec une approche superficielle du sujet.

Je vais décrire tout d'abord les caractéristiques du syndrome du burn out sans oublier les apports de la psychologie cognitive pour sa prévention et son traitement. Je proposerai des outils simples et concrets pour aider les personnes qui en souffrent en abordant les dimensions philosophique, existentielle et culturelle du syndrome. Je me fonde sur la présence d'une dimension spirituelle de l'homme qui se transcende et se manifeste dans la relation

(1) Friedrich NIETZSCHE, *Ainsi parlait Zarathoustra* (1883), Deuxième partie, Le devin.

à autrui. Précisons que les enseignements de Viktor Frankl, fondateur de l'école de logothérapie, me seront d'une aide précieuse. Ce psychiatre autrichien, survivant des camps de concentration nazis, propose de concevoir l'homme comme un « constant chercheur de sens pour sa vie ».

Ce livre peut être aussi un outil de travail pour tous les bons Samaritains. Le lecteur y trouvera en encadrés des invitations à la réflexion personnelle qui pourraient être utiles pour la prévention et l'auto-guérison de l'usure professionnelle.

Au terme de ce prologue je dois avouer que mon travail s'adresse à un petit nombre de personnes. En effet les bons Samaritains sont et ont été, tout au long de l'histoire, une minorité. Mais ils sont une minorité nécessaire. S'ils abandonnaient la bataille à cause de la fatigue ou par simple crainte de s'épuiser, l'humanité courrait le plus grand des risques : l'appauvrissement de l'estime de soi. Que les bons Samaritains évitent le burn out est un grand défi que je vais essayer de relever dans ce livre.

Chapitre 1

LE BURN OUT DES AIDANTS

« Le travail fait sortir de l'imaginaire
et met en contact avec la réalité [2]. »

« Le signe que le travail, dès lors qu'il n'est pas
inhumain, est fait pour nous, c'est la joie,
joie que l'épuisement même ne diminue pas [3]. »
Simone WEIL

(2) Simone WEIL, *Œuvres complètes VI, Cahiers,* vol. 2 (septembre 1941-février 1942), NRF Gallimard 1997, p. 237.
(3) Simone WEIL, *Œuvres complètes VI, Cahiers,* vol. 1 (1933-septembre 1941), NRF Gallimard 1994, p. 77.

Suzanne, un médecin très dynamique

Suzanne est une jeune femme de 38 ans, médecin, compétente et responsable, à l'écoute de ses patients et toute donnée. Vous savez, ce style de médecins avec lesquels on se sent vraiment en confiance et peut-être même aimé. Au lycée, Suzanne avait de nombreux amis et attirait les confidences. On l'avait surnommée « la psychologue », parce qu'elle écoutait déjà avec attention toutes les petites histoires de ses camarades de classe qui venaient « se confesser » à elle. Quand il fallut faire un choix d'orientation professionnelle, elle hésita entre psychologie et médecine. Après réflexion elle choisit médecine car elle souhaitait aider concrètement les autres. Pendant ses études elle a milité dans des associations étudiantes et pour vivre elle a fait de nombreuses gardes comme infirmière en hôpital gériatrique. Et très rapidement elle constata de ses propres yeux la « déshumanisation de la médecine » dans presque tous les secteurs de l'hôpital universitaire et notamment en gériatrie. Elle en avait bien sûr déjà entendu parler dans des réunions d'étudiants, mais la réalité était encore beaucoup plus rude que ce qu'elle pouvait imaginer et cela la révoltait profondément. Elle s'est donc engagée politiquement en allant manifester, en écrivant des discours contre la politique sanitaire rétrograde, en taguant des slogans révolutionnaires sur les murs. Mais sans beaucoup de résultats.

Il lui restait un plan B : travailler en allant à contre-courant de l'indifférence, en établissant de vraies relations humaines avec ses patients. Suzanne se débrouillait aussi pour échapper à la bureaucratie hospitalière : elle demandait aux laboratoires pharmaceutiques des médicaments qui ne se trouvaient pas dans le service; elle passait des nuits à soigner des malades à l'agonie; elle conseillait des proches et elle allait même à domicile pour faire certains soins post-chirurgicaux. Et tout cela bien sûr gratuitement, car il était impensable que les pauvres puissent payer ses honoraires. Et Suzanne se sentait profondément récompensée par le simple baiser d'un enfant, par des légumes du potager d'une personne âgée ou par les pleurs émouvants d'un jeune père voyant que son bébé reprenait du poids après une grave maladie.

Puis on lui demanda encore de s'occuper deux après-midi par semaine du dispensaire voisin. Bien que le temps lui fasse défaut, elle accepta volontiers. Elle avait toujours voulu faire quelque chose pour le quartier. Puis on lui demanda même de prendre la direction du dispensaire, ce qu'elle accepta encore malgré son agenda surbooké. Elle ne manquait ni d'énergie, ni d'enthousiasme, ni de foi.

Sans oublier le samedi après-midi où elle donnait des conférences sur l'éducation sexuelle à des jeunes et à des jeunes mariés au sein de la paroisse. Elle n'avait jamais pensé faire tout cela : elle était catholique mais non pratiquante. Mais un jour, le père Charles, qui avait entendu parler d'elle, est allé la chercher en lui disant : « Tu es proche des jeunes, tu es la seule qui puisse le faire » et elle n'a pas pu refuser! Et comme elle voulait faire les choses à fond, elle a commencé par lire des ouvrages pour mieux connaître l'enseignement de l'Église catholique. Il suffisait de dormir un peu moins...

Mais Suzanne ne recevait pas que des louanges, spécialement de la part de ses collègues. Au début les critiques étaient très subtiles, mais elles furent acerbes par la suite : « Elle se prend pour mère Teresa! » Il y eut même un psychanalyste de comptoir qui mit en parallèle l'« obsessive précision » de Suzanne dans sa vie professionnelle avec son célibat. On murmurait autour d'elle. De plus, comme elle n'avait pas soutenu dans l'hôpital un projet de recherche qui lui semblait peu éthique, elle s'est également attiré la défiance et l'antipathie de ses chefs. Même ses parents vieillissants ont commencé à lui faire des reproches car selon eux elle n'était pas assez présente auprès d'eux et elle devait les assister en tant que « fille docteur ».

Par ailleurs, elle a commencé à constater que certains de ses patients, malgré tous ses soins, n'allaient pas mieux. Quelques-uns ne suivaient pas le traitement proposé et bien qu'ils lui aient assuré être fidèles aux régimes prescrits ou avoir cessé de boire de l'alcool, les examens cliniques (et leur haleine!) démontraient le contraire. Et ce n'était pas toujours dû au manque d'argent, bien souvent c'était seulement par négligence. Suzanne prenait conscience qu'elle était plus soucieuse de la santé de ses patients qu'eux-mêmes, et que la médecine ne soigne pas toutes les maladies. Fait très connu et bien accepté par tous, mais dont les médecins semblent être les derniers à reconnaître l'évidence. Jusqu'au jour où, face à une dame âgée sourde et sénile, elle a pensé, énervée : « Qui m'envoie soigner cette vieille femme artérioscléreuse ? Quel sens cela a-t-il ? » Elle a eu peur, quelque chose était en train de changer en elle. Un autre jour, elle s'est mise en colère contre une patiente qui après une chirurgie abdominale avait imprudemment porté des sacs bien trop lourd. En voyant que les points de suture de la cicatrice avaient sauté, elle a « pété les plombs » et elle a même été grossière !

Peu à peu les forces ont commencé à l'abandonner et elle n'avait plus la même énergie, non seulement sur le plan physique mais dans sa tête aussi c'était lent et confus. Elle a commencé à ne plus rien ressentir pour les autres. Elle en a parlé à certains amis et leur a dit : « Je me sens vide, je crois que je n'ai plus rien à donner. » Les couloirs de l'hôpital sont devenus peu à peu interminables, son pas s'est fait moins alerte et son beau sourire est devenu artificiel. Un jour, par exemple, elle se souvient s'être cachée dans l'infirmerie pour éviter une patiente pénible car elle n'avait ni le courage ni l'énergie nécessaires pour l'affronter. Sa mémoire aussi n'était plus la même.

Lentement et d'une manière presque imperceptible, Suzanne s'est repliée sur elle-même. Elle ne voyait presque plus personne en dehors du cadre strictement professionnel. Elle était devenue, comme beaucoup de ses collègues, indifférente à la souffrance des autres. Ses patients étaient devenus des numéros, des maladies à traiter. Au cabinet elle a appris à changer de conversation quand le sujet devenait trop personnel. Elle n'était plus la même. Elle avait l'impression de mettre des masques selon le rôle qu'il lui incombait de jouer : médecin, fille, dirigeante politique, catéchiste. Elle agissait automatiquement, sans plus aucun intérêt et elle a commencé à être ce qu'elle n'avait jamais imaginé qu'elle pourrait devenir : une pièce de plus dans la déshumanisation de la médecine. Un de ses amis lui donna alors mon nom et elle vint me consulter. Quand elle eut terminé le récit de son histoire, Suzanne m'a confié son sentiment d'échec et d'inutilité. Cela serait-il définitif? Elle se sentait coupable de son incohérence. Qu'était devenu son idéal de vie? D'autre part, ces idéaux pour lesquels elle s'était dépensée sans compter étaient en train de la mener à l'autodestruction et elle était atterrée. « Jeter l'éponge » commençait à apparaître comme l'unique issue, avec la question : « Suis-je faite pour la médecine? »

Définition du syndrome

L'histoire de Suzanne, à quelques nuances près, se répète de nos jours chez de nombreuses personnes : professionnels de la santé, enseignants, travailleurs sociaux, bénévoles, prêtres, religieux et religieuses, missionnaires, policiers, fonctionnaires, politiques et même femmes au foyer.

Dans tous les récits de vie des personnes atteintes de burn out on retrouve certains points communs qui ont permis aux chercheurs, médecins et psychologues, de définir ce syndrome et de décrire ses caractéristiques et son évolution.

Ce syndrome de l'épuisement professionnel a été appelé de différentes manières. Le nom utilisé n'est pas anodin. Le terme anglais *burn out* est le plus connu. Il a été employé pour la première fois en 1974 aux États-Unis par Herbert Freudenberger, un psychiatre qui travaillait auprès de bénévoles qui s'occupaient de toxicomanes à New York. Très observateur, le Dr Freudenberger s'est rendu compte que les jeunes bénévoles qui soignaient les patients, intégraient le service avec beaucoup d'enthousiasme, mais qu'au fil du temps le contact avec le monde de la drogue les amenait à déprimer et à souffrir de troubles émotionnels. Les aidants devenaient peu à peu fatigués et tristes. Au bout d'un certain temps ils commençaient souvent à se montrer peu compréhensifs avec les toxicomanes et même à se mettre en colère contre eux. Ils devenaient cyniques, critiques et pessimistes sur l'évolution du traitement. Le Dr Freudenberger appela ce phénomène le burn out, terme qui était utilisé par les médecins pour décrire le cerveau endommagé par la consommation chronique de drogues, puisqu'on dit communément « avoir le cerveau brûlé ». Il a donc défini le burn out comme un état de fatigue ou de frustration qui survient lorsque le dévouement à une cause ne produit pas le résultat espéré. Je pense que « brûler » est le mot français qui se rapproche le plus de ce terme anglais.

> Le burn out est un état de fatigue chronique, de dépression et de frustration quand la forte implication dans une cause ne produit pas les résultats escomptés.

Freudenberger était convaincu que les personnes idéalistes, naïves, optimistes, c'est-à-dire « les bonnes personnes », se dévouaient corps et âme à leur travail en dépassant leurs capacités par la nécessité inconsciente d'avoir une image positive d'elles-mêmes. Ces personnes pourraient être comparées aux allumettes, qui s'enflamment quand on les frotte, ensuite maintiennent une faible flamme pendant peu de temps et finalement s'éteignent totalement. Et une allumette éteinte, brûlée, ne sert plus à rien !

Dans le burn out des aidants, la personne perd le sens existentiel de sa vocation initiale par le déséquilibre prolongé qui se produit entre le sens du devoir et la réalité objective de l'échec. Tout cela mène à la perte de l'estime de soi.

Notons que le terme « burn out » appartient aussi au langage de l'aéronautique. Il désigne une fusée qui décolle, dont le carburant vient à s'épuiser et qui reste à tourner dans l'espace sidéral, vide et inutile. Les deux images, celle du cerveau brûlé du toxicomane et celle de la fusée comme poubelle spatiale, ont une connotation négative. À mon sens, elles sont inadéquates puisqu'elles indiquent des situations sans retour alors que, comme nous le verrons, le syndrome n'évolue pas toujours fatalement vers l'épuisement total des forces et donc l'abandon de l'activité. Beaucoup de personnes surmontent ce mal grâce à un processus d'apprentissage, avec une aide extérieure ou par leurs propres moyens, et n'y retombent pas après avoir repris une activité. Dans notre étude nous utiliserons indistinctement les termes de burn out, d'usure professionnelle ou de découragement professionnel.

Plus tard, une chercheuse américaine, Christina Maslach, spécialiste du burn out, le définit comme la réponse inadéquate à un stress émotionnel chronique dont les caractéristiques principales sont l'épuisement physique et émotionnel, une attitude froide et dépersonnalisée dans la relation avec les autres et un sentiment d'inadaptation pour les tâches qui se réalisaient jusque-là sans difficulté. En suivant ainsi le schéma du Dr Maslach nous pouvons décrire le syndrome à travers ces trois dimensions : épuisement émotionnel, dépersonnalisation et sentiment de perte de la réalisation personnelle.

> Les trois dimensions du burn out sont l'épuisement émotionnel, la dépersonnalisation et le sentiment de perte de l'accomplissement personnel.

Épuisement émotionnel

L'épuisement émotionnel se caractérise par une perte d'énergie, un épuisement physique et psychique et une sensation d'être vidé nerveusement. La personne a perdu tout entrain, n'est plus motivée par son travail qui devient une corvée. Cette dimension est souvent liée au stress et à la dépression. Le manque de volonté et d'initiative (l'aboulie), l'incapacité à expérimenter le plaisir (l'anhédonie) et le manque de motivation ou d'enthousiasme (l'apathie) s'emparent de la personne. L'aboulie est un mot d'origine grecque qui signifie manque de volonté et diminution de l'énergie vitale. Dans l'usure professionnelle elle est spécialement liée au travail. Ainsi,

> L'épuisement émotionnel se manifeste par une perte d'énergie, un épuisement physique et psychique et le sentiment d'être vidé nerveusement.

arriver sur le lieu de travail, l'hôpital, l'établissement scolaire, le bureau, ou l'entreprise devient une tâche titanesque. L'absentéisme au travail est la conséquence logique de ce symptôme.

De plus les personnes qui souffrent d'un manque de volonté deviennent lentes, se traînent et ont l'impression d'avoir sur leurs épaules un lourd fardeau impossible à remuer. Le laisser-aller, la passivité, le manque d'entrain mènent au fatalisme. On ne peut plus rien faire pour changer et on n'a plus la force de lutter. C'est la déroute définitive. Et cela peut même amener à des pulsions de mort et à des tentatives de suicide…

Dépersonnalisation

Il s'agit de la dimension interpersonnelle du burn out. Comme Suzanne, les personnes atteintes de burn out changent inconsciemment leurs attitudes pour se protéger. La dépersonnalisation consiste à vivre le travail comme quelque chose d'étranger à soi-même, quelque chose d'extérieur. Il s'agit à proprement parler d'aliénation. Ce mot provient du latin *alienus* qui signifie « étranger ». La dépersonnalisation suppose une double aliénation : vis-à-vis de son travail et vis-à-vis de ses patients. Le premier

> La dépersonnalisation est un désinvestissement de la relation à l'autre qui consiste à vivre le travail comme quelque chose d'extérieur, d'étranger à soi-même, tout en mettant à distance les bénéficiaires de l'aide.

devient « le » travail et les seconds « les » patients, un groupe impersonnel et inconnu. La personne devient froide et distante, méfiante, voire cynique, ce qui ne reflète pas sa nature profonde.

Ne portons aucun jugement moral sur ces symptômes, car survivre est un devoir qui justifie l'autodéfense. La personne épuisée devient cynique et négative. Elle donne souvent des réponses toutes faites et ne montre aucune empathie. En effet, quand on n'est pas protégé, l'empathie peut devenir une arme autodestructrice. C'est pourquoi la personne soumise au burn out se montre distante, elle étiquette les gens dont elle s'occupe, les situations et les circonstances. Elle suit au pied de la lettre le protocole. La personne atteinte de burn out se sent victime de ceux qu'elle aide et elle les accuse d'être la cause de ses propres frustrations.

Sentiment de perte de l'accomplissement personnel

> La perte de l'accomplissement personnel, l'auto-dépréciation, est le sentiment d'être incompétent sur le plan professionnel et d'être inapte à répondre efficacement aux attentes de son entourage.

La diminution de l'efficacité professionnelle est la dimension d'auto-évaluation du burn out. La perte de l'accomplissement personnel est le sentiment d'incompétence professionnelle et de manque de réalisation personnelle dans son travail. On se sent incapable d'accomplir son travail correctement, on perd l'estime de soi que procurait le travail bien accompli, on éprouve un sentiment d'échec fort. C'est l'élément le plus dangereux car les personnes qui sont à bout choisissent soit l'absentéisme, soit le surinvestissement dans le travail. Or l'activisme est un mécanisme de défense inutile contre l'épuisement.

Certains ont ironisé sur le fait qu'activisme signifie « redoubler d'efforts quand on vient de perdre l'objectif ». Prenons un exemple très parlant. Un prêtre victime de burn out me confiait qu'il avait des difficultés à trouver des personnes qui s'engagent activement dans la paroisse. Je lui ai alors demandé comment il faisait pour pallier ce manque. Il m'a répondu avec fermeté : « Nous avons perdu le cap, nous ne savons plus où nous allons mais nous redoublons d'efforts. » Je n'ai pas pu m'empêcher de sourire. En effet, trop souvent, face à l'échec, au lieu de nous arrêter nous compensons par plus d'activité. C'est un cercle vicieux. Si nous avons perdu le sens d'un travail, il y a peu de chances que nous le retrouvions par un sursaut de volonté et en redoublant d'activité. L'activisme peut être aussi comparé à un mixeur allumé et rempli d'eau. Nous entendons le bruit, nous voyons la mousse mais quand la machine s'arrête, nous trouvons uniquement de l'eau et un mixeur surchauffé et sur le point de griller.

Les trois dimensions du syndrome du burn out s'accompagnent en général aussi de manifestations psychosomatiques. Les plus fréquentes sont les troubles du sommeil, des troubles gastro-intestinaux, des problèmes cardiovasculaires, des douleurs musculaires et des désordres menstruels. Souvent ces symptômes physiques sont les seuls signes avant-coureurs. Et les répercussions dans le milieu du travail sont évidentes : l'absentéisme, l'ambiance qui se détériore, la qualité du travail qui diminue et dans les cas extrêmes la personne en arrive même à quitter sa profession.

Les différentes phases de l'épuisement professionnel

L'épuisement professionnel est un processus qui s'installe progressivement [4]. Il se déroule en quatre phases, qui se présentent généralement dans l'ordre suivant :

1. La phase d'« illusion et d'enthousiasme », dans laquelle le travailleur social se sent prêt à se mesurer au monde entier, à le transformer, et toutes ses pensées sont dirigées vers ce projet.

> Phases du burn out : l'enthousiasme, la désillusion, la frustration et le désespoir.

2. La phase de « désillusion », dans laquelle les attentes de la première phase se confrontent à la réalité.

La personne devient impatiente de réaliser sa tâche et travaille toujours d'arrache-pied.

3. La phase de « frustration », dans laquelle apparaissent pour la première fois le désespoir, l'irritabilité et la perte d'enthousiasme. Ici on perd graduellement la confiance en sa propre capacité.

(4) Cf. Samuel KLARREIST, *Work without Stress, a Practical Guide to Emotional and Physical Well-being on the Job,* Brunner/Mazel Publishers, New York 1990.

4. La phase de « désespoir », dans laquelle il semble que « tout est perdu » et que les rêves ne se réaliseront jamais. Le syndrome se manifeste alors pleinement avec des symptômes relationnels d'isolement et de solitude. À ce moment-là les signes cliniques ne se distinguent pas du syndrome dépressif classique.

Burn out et autres troubles

Une fois le syndrome décrit, il est opportun de le différencier d'autres situations et d'autres troubles. Le diagnostic différentiel est utile pour cerner d'une manière plus précise son identité. Nous devons distinguer l'épuisement professionnel de la dépression, du stress, de l'ennui, de l'insatisfaction au travail et des crises existentielles, spécialement celle appelée la crise du milieu de vie.

Le syndrome du burn out est proche de celui de la dépression et c'est pourquoi on peut se demander à juste titre si ces deux noms distincts ne recouvrent pas une seule réalité. La différence ne réside pas dans les symptômes décrits, mais bien dans les causes de la maladie et dans l'ordre dans lequel ces éléments se manifestent peu à peu dans le processus évolutif. L'épuisement professionnel se distingue clairement de la dépression au début de son apparition, mais la différence devient presque imperceptible vers la fin.

Stress, ennui et insatisfaction au travail sont des termes proches mais non équivalents. En effet, le burn out se distingue de la simple anxiété et du stress, même si ces éléments peuvent être aussi liés aux conditions de travail.

Le burn out est un trouble du fonctionnement chronique tandis que le stress dû au travail, qui n'agit que sur de brèves périodes, peut être un précédent au syndrome, mais il ne s'agit pas encore de l'installation du trouble. Avoir une relative et saine tension au travail est normal. Il est aussi tout à fait normal de ne pas aimer un travail ennuyeux. Ce ne sont pas des indicateurs d'usure professionnelle, bien qu'ils soient une sonnette d'alarme qui exige de comprendre les causes de l'ennui. Celles-ci pourraient simplement être personnelles – par exemple les personnalités narcissiques souffrent d'ennui chronique quoi qu'elles fassent – ou relatives à un travail répétitif dans lequel la personne n'a pas l'opportunité d'exercer sa propre créativité.

Les événements et les crises de la vie sont des paramètres importants dans l'évolution et le traitement du burn out. En effet, les accidents de la vie peuvent occasionner ou aggraver une surcharge de travail et rompre l'équilibre existant. De même les événements heureux peuvent adoucir les difficultés du travail.

La crise du milieu de vie mérite à elle seule un paragraphe spécial. Au centre de cette crise, qui affecte des personnes entre 35 et 45 ans, il y a généralement un bilan négatif entre ce qui a été réalisé et les projets de jeunesse. Ainsi, la perte de l'estime de soi propre au burn out peut se confondre avec celle née de ce bilan fait en milieu de vie. La différence entre la crise du milieu de vie et le burn out se trouve dans le fait que la crise du milieu de vie met en évidence avant tout la sphère existentielle et l'âge de la personne. En revanche, dans le burn out, on considère uniquement la dimension du travail. Quoi qu'il en soit, comme vous l'avez déjà pressenti, la frontière entre la crise existentielle et le burn out est mince et poreuse.

Évaluation personnelle

Il est temps de passer à l'auto-évaluation. Je vous propose de répondre au questionnaire bien connu réalisé par Christina Maslach, professeur de psychologie sociale à l'université de Berkeley en Californie, appelé MBI (Maslach Burnout Inventory).

Pour le faire, prenez vingt bonnes minutes. Je vous invite à répondre aux vingt-deux questions avec objectivité. Mais surtout, ne réfléchissez pas trop, soyez spontané parce qu'un excès de zèle dans l'auto-analyse pourrait être paralysant.

Ce questionnaire explore les trois aspects du syndrome : l'épuisement professionnel, la dépersonnalisation et le sentiment de perte de l'accomplissement personnel. Il n'y a pas de score global pour le burn out mais un score pour chacune des trois dimensions.

Indiquez dans le tableau de la page 35 la fréquence selon laquelle vous éprouvez le sentiment en question.

0 = Jamais.
1 = Quelques fois par an.
2 = Une fois par mois.
3 = Quelques fois par mois.
4 = Une fois par semaine.
5 = Plusieurs fois par semaine.
6 = Tous les jours.

Petite précision : Ce test a été spécialement pensé pour des médecins. Là où le test parle de « patients », vous pouvez penser à vos élèves si vous êtes enseignant, aux administrés si vous êtes fonctionnaire, aux paroissiens si vous êtes prêtre ou animateur en pastoral, à votre famille si vous êtes une femme au foyer, etc.

ÉCHELLE DE MASLACH

1. Je me sens émotionnellement vidé(e) par mon travail.
2. Je me sens à bout à la fin de la journée de travail.
3. Je me sens fatigué(e) quand je me lève le matin et que je dois affronter une autre journée de travail.
4. Je comprends facilement ce que ressentent les patients.
5. Je sens que je m'occupe de certains patients de façon impersonnelle comme s'ils étaient des objets.
6. Travailler avec des gens toute la journée me demande beaucoup d'efforts.
7. Je m'occupe très efficacement des problèmes de mes patients.
8. Je sens que je craque à cause de mon travail.
9. J'ai l'impression grâce à mon travail d'avoir une influence positive sur les personnes.
10. Je suis devenu(e) plus insensible aux personnes depuis que j'exerce cette profession.
11. Je crains que ce travail ne m'endurcisse du point de vue émotionnel.
12. Je me sens plein(e) d'énergie.
13. Je me sens frustré(e) par mon travail.
14. Je sens que je travaille trop dur.
15. Je ne me soucie pas vraiment de ce qui arrive à certains de mes patients.

16. Travailler en contact direct avec des personnes me stresse trop.
17. J'arrive facilement à créer une atmosphère détendue avec mes patients.
18. Je me sens heureux lorsque dans mon travail j'ai été proche des gens.
19. J'ai accompli beaucoup de choses intéressantes dans ce travail.
20. Je me sens au bout du rouleau.
21. Dans mon travail je traite les problèmes émotionnels avec beaucoup de calme.
22. J'ai l'impression que certains de mes patients m'imputent certains de leurs problèmes.

Mes résultats					
Fatigue émotionnelle		Dépersonnalisation		Réalisation personnelle	
1		5		4	
2		10		7	
3		11		9	
6		15		12	
8		22		17	
13				18	
14				19	
16				21	
20					
Totaux		Totaux		Totaux	

Les questions 1, 2, 3, 6, 8, 13, 14, 16, 20 calculent l'épuisement émotionnel dû aux sollicitations du travail. Nombre de points maximum : 54.

Les questions 5, 10, 11, 15, 22 calculent la dépersonnalisation, c'est-à-dire le degré de froideur et de distanciation. Nombre de points maximum : 30.

Les questions 4, 7, 9, 12, 17, 18, 19, 21 évaluent les sentiments d'auto-efficacité et d'accomplissement personnel dans le travail. Nombre de points maximum : 48.

Il n'existe donc pas de nombre total de points au test. Additionnez vos réponses séparément et vous obtiendrez un nombre pour chaque échelle. Il n'existe pas de chiffre limite qui indique la présence du burn out mais il existe de fortes probabilités d'en souffrir avec plus de 27 points en épuisement professionnel, plus de 10 points en dépersonnalisation et moins de 33 points en accomplissement personnel.

Ainsi si vous avez un nombre élevé de points en épuisement professionnel et en dépersonnalisation et un faible nombre de points en accomplissement personnel, attention, vous êtes vraisemblablement en burn out!

Du diagnostic à la thérapie

Mais ne paniquez pas, c'est le bon moment pour vous ressaisir. Souvenez-vous : « Tous ceux qui errent ne sont pas perdus », disait le magicien Gandalf à Frodon dans *Le Seigneur des anneaux.*

Tout ce qui est or ne brille pas,
Tous ceux qui errent ne sont pas perdus;
Le vieux qui est fort ne dépérit point.
Les racines profondes ne sont pas atteintes par le gel.

Des cendres, un feu s'éveillera.
Des ombres, une lumière jaillira;
Renouvelée sera l'épée qui fut brisée,
Le sans-couronne sera de nouveau roi [5].

Des pistes pour guérir et prévenir le burn out

En effet, lequel d'entre vous, qui veut bâtir une tour, ne commence par s'asseoir pour calculer la dépense et juger s'il a de quoi aller jusqu'au bout? Autrement, s'il pose les fondations sans pouvoir terminer, tous ceux qui le verront se mettront à se moquer de lui et diront : « Voilà un homme qui a commencé à bâtir et qui n'a pas pu terminer! » Ou quel roi, quand il part faire la guerre à un autre roi, ne commence par s'asseoir pour considérer s'il est capable avec dix mille hommes, d'affronter celui qui marche contre lui avec vingt mille? (Luc 14,28-31).

(5) J.R.R. Tolkien, *Le Seigneur des anneaux,* t. 1 : *La Communauté de l'anneau,* Christian Bourgois éditeur, 1972, traduit de l'anglais par Francis Ledoux, Pocket, 2013, p. 300.

Il y a plus de mille ans l'évangéliste Luc ne donnait-il pas déjà quelques indications utiles pour éviter le syndrome du burn out : l'évaluation et le discernement ?

Dans le cas d'un burn out, que devons-nous prendre en considération ? Tout d'abord il faut s'arrêter sur les caractéristiques de la personne qui en souffre, qui la rendent plus ou moins vulnérable. Puis il faut examiner son travail, le lieu où elle l'accomplit, et l'atmosphère qui y règne.

> Causes du burn out : la vulnérabilité de la personne, et le milieu dans lequel elle évolue : son travail, l'entreprise dans laquelle elle travaille et l'atmosphère qui y règne.

En effet les caractéristiques de la personne, son histoire affective, l'idée qu'elle se fait d'elle-même et l'idée qu'elle a de son travail sont des facteurs qui influencent ses réactions émotives, ses actions et sa capacité à supporter les tensions.

Les personnes plus vulnérables sont celles qui ont des difficultés à se fixer des limites dans leurs relations avec les autres. Elles s'engagent volontiers à fond dans de nombreuses activités sans avoir vraiment pris conscience des conséquences concrètes de leurs engagements. Ces personnes sont souvent dépendantes du regard des autres et cherchent grâce à leur travail à satisfaire leurs besoins de reconnaissance. Ces personnes très engagées peuvent être comparées à une maison sans murs, construite uniquement avec des fenêtres et des portes dans des matériaux fragiles et transparents. Cette maison ouverte à tous vents ne pourra pas assurer la sécurité ni l'intimité de ceux qui l'habitent. Au contraire une maison faite seulement de murs, sans fenêtre ni porte, sera certes plus sûre, mais le manque d'ouverture et l'absence de lumière naturelle seront dangereux. Ce type de maison est semblable aux personnes fermées ; bien qu'elles soient apparemment moins vulnérables, leur renfermement sur elles-mêmes les fragilise et peut les mener à la dépression.

En revanche, une maison dont les murs, les fenêtres et les portes se répartissent de manière équilibrée et dont les matériaux sont solides, offre aux occupants une habitation sûre. Mais quoi qu'il en soit, aucune maison n'est suffisamment solide pour sortir indemne de bombardements, de tornades ou de tsunamis ni du simple tambourinement de gouttes d'eau qui tombent de manière lente mais constante.

Ne négligeons pas les éléments extérieurs. Viktor Frankl, dans son témoignage sur les camps de concentration nazis, constatait avec tristesse que « les meilleurs ne sont pas revenus ». Une très forte agressivité peut affaiblir même des personnes capables d'une grande force !

C'est ce qu'explique entre autres la psychologie cognitive, qui naît entre les années 1950 et 1960 et qui étudie comment la réalité est perçue par notre esprit, comment nous emmagasinons l'information et les façons dont nous répondons. Elle focalise donc son intérêt sur les deux composantes premières du burn out : la personne et le milieu.

La psychologie cognitive étudie les grandes fonctions psychologiques de l'être humain que sont la mémoire, le langage, l'intelligence, le raisonnement, la résolution de problèmes, la perception ou l'attention. Selon cette école l'homme est fait de plusieurs strates, les superficielles, les plus visibles, étant aussi sensibles que les plus profondes. Commençons sans plus tarder à étudier les plus visibles.

Conseils de la psychologie cognitive pour agir sur soi-même

Se concentrer sur l'« état des lieux de la situation actuelle »

Selon John C. Maxwell, l'auteur américain à succès des *21 lois irréfutables du leadership,* « tu ne changeras jamais ta vie sans changer quelque chose quotidiennement ».

À partir de la logothérapie, Viktor Frankl montre que la réponse adéquate à ce que la vie nous propose doit être active et rester dans les limites de notre vie quotidienne. Notre personnalité unique et extraordinaire, selon le fondateur de la logothérapie, se réalise dans le moment présent et dans le « cadre d'influence » concret qu'il nous est donné de vivre.

Cette idée est aussi partagée par les psychologues cognitifs, qui recommandent tout d'abord de simples petits changements dans la pratique professionnelle afin de diminuer les émotions négatives que nous provoque le travail.

Il est clair que le plus souvent à notre niveau nous ne pouvons pas transformer l'Éducation nationale ou le système de santé de notre pays. Mais si nous nous focalisons sur cette impuissance, nous broyons du noir. En revanche, nous pouvons changer de petites choses dans le monde qui nous entoure. Par exemple, pendant la pause, allons marcher dehors au lieu de rester dans notre bureau en répondant aux e-mails personnels ou en actualisant notre page Facebook!

C'est un petit changement qui dépend de nous et qui peut faire beaucoup de bien.

Un lieu de travail agréable à vivre

Écoutons les conseils du grand poète Goethe :

> Nous devrions chaque jour
> écouter une brève mélodie,
> lire une belle poésie,
> voir une belle peinture
> et si c'est possible,
> dire quelques mots aimables.

Le travail n'est pas seul à donner sens à notre vie, il y a aussi par exemple la contemplation de la beauté qui nous entoure, qu'elle se manifeste dans l'art, dans la nature ou dans une personne aimée. Cela exige de nous une « passivité active ». Passivité parce que nous accueillons des richesses qui existent en dehors de nous-mêmes, active parce que cela requiert de l'attention pour les découvrir. Comment profiter de ces richesses dans le travail ? Bien sûr, nous ne pouvons pas en même temps travailler et faire de la haute montagne, prier dans une cathédrale gothique, établir une communication profonde avec une personne chère, visiter un musée ou se délecter à l'écoute d'une symphonie. Nous perdrions sans doute notre travail en peu de temps ! Mais nous pouvons rendre agréable à vivre notre lieu de travail. Pourquoi ne déciderions-nous pas d'y mettre un peu d'ordre et d'harmonie ? Je me souviens d'un chef d'entreprise qui avait décidé d'avoir des fournitures de bureau (trombones, perforeuse, agenda, post-it, etc.) de couleurs très vives, originales et modernes pour donner un petit air de fête à ses longues heures de travail assis à son bureau.

Je vous propose dès maintenant de faire une liste des choses qu'il faudrait ranger. Hiérarchisez-les, faites-vous un planning de rangement et allez-y. Aucun bazar ne résiste à une action quotidienne de rangement, même s'il ne s'agit que de quelques minutes.

Il y a bien d'autres manières de nous nourrir de « passivité active » : lire un article intéressant à propos de son métier, écouter de la musique pendant le trajet vers notre lieu de travail, s'intéresser à la vie d'un collègue de travail avant de commencer à travailler, etc.

Travailler mieux au lieu de plus

Voici quelques propositions pour que le travail fatigant et ennuyeux de tous les jours devienne plus agréable, plus efficace et moins stressant :

1. Établir des objectifs réalistes. Les pieds sur terre, faisons le point sans nous leurrer sur nos forces et nos faiblesses, et donnons-nous des objectifs réalisables.

Par exemple, en écrivant ces mots le seul objectif que je me donne est d'écrire ce chapitre le plus clairement possible. Et je prévois quelques jours, parce que je veux pouvoir le faire paisiblement et garder du temps pour ma famille, mon travail professionnel, le sport, la chorale et la méditation spirituelle quotidienne. En effet, écrire un livre pourrait à juste titre me stresser et je pourrais arrêter tout le reste et me concentrer uniquement sur mon livre. Mais mon objectif serait sûrement voué à l'échec car je risquerais de très vite abandonner un tel rythme. Et pour cause de burn out arrêter d'écrire ce livre !

2. Être créatif. Avec de la créativité on peut faire les mêmes choses mais de manière différente et ainsi fuir la routine. La nouveauté génère de l'enthousiasme et l'on ressent un sentiment de liberté qui est un bon remède au désintérêt.

Prenons l'exemple d'un même cours que je dispense au lycée depuis des années et que je n'ai jamais vraiment modifié. Je peux par exemple appeler un collègue ou un élève pour qu'ils me proposent de nouvelles approches. Autre exemple, j'ai l'habitude de recevoir mes patients dans mon cabinet ; pourquoi ne pas proposer pour leur dernier rendez-vous de l'année, de parler en faisant un tour dans le parc ? La créativité est une caractéristique spécifique de l'espèce humaine : il existe des animaux intelligents mais pas créatifs. Alors utilisez-la !

3. Bien planifier son temps. Même si cela peut paraître contradictoire avec le point précédent, bien organiser notre agenda nous permet de mieux optimiser notre temps. Mais attention aux listes de choses à faire. Trop souvent nous enchaînons les activités les unes après les autres sans aucune pause entre elles et nous sous-estimons le temps qu'elles vont nous prendre. Par exemple, nous pensions que telle réunion ne nous prendrait que trois quarts d'heure alors qu'elle a duré presque deux heures. Essayons de planifier avec réalisme afin d'éviter de nous sentir frustrés et d'avoir la sensation de toujours courir après un métro qui vient juste de passer.

4. Réfléchir sur ce que nous faisons. Action et pensée vont de pair. Le travail offre des situations complexes et nouvelles, des défis qui sont une opportunité pour penser comment les relever. La réflexion nous offre aussi l'occasion d'échanger des opinions avec nos collègues, d'écouter attentivement ce qu'ils pensent et d'exposer nos propres idées. C'est ce qu'on appelle la synergie, une relation qui offre quelque chose de plus que la somme des parties.

5. Prendre les choses avec recul, ce qui ne signifie pas avec indifférence. La sur-implication le plus souvent aveugle et empêche de voir avec objectivité ce qu'il faut faire. N'apportez pas votre travail chez vous, ni même si possible dans votre tête.

Récemment j'ai vu un documentaire à la télévision qui a attiré mon attention. Il montrait comment des chasseurs natifs de la jungle congolaise se débrouillaient pour capturer des singes. Ils choisissaient un arbre avec un trou juste assez grand pour que rentre la main d'un singe. Les chasseurs plaçaient une orange à l'intérieur du trou et se cachaient pour attendre. Le singe sentait l'odeur du fruit et s'approchait de l'arbre pour le chercher. Il mettait la main dans le trou, attrapait le fruit, mais quand il essayait de sortir sa main, il ne pouvait plus le faire, parce que le poing serré sur l'orange ne passait pas par le trou de l'arbre. Alors les chasseurs, très calmement, marchaient vers le singe, jetaient un filet sur lui, lui ouvraient la main pour lui faire lâcher l'orange et le mettaient dans une cage.

L'attachement au travail peut nous faire perdre la tête et nous mettre « en cage », comme ce qui est arrivé à ce singe qui ne voulait pas lâcher l'orange !

Travailler mieux au lieu de plus

Établir des objectifs réalistes.
Être créatif.
Planifier le temps de façon adéquate.
Réfléchir sur ce que nous faisons.
Prendre les choses avec du recul.

Cultiver le jardin de nos pensées et de nos sentiments

« Connais-toi toi-même » était l'impératif de philosophes de l'Antiquité. L'auto-analyse est nécessaire pour comprendre nos réactions et nos émotions. Faisons-le de manière positive, de façon à identifier aussi bien nos points forts que nos faiblesses.

Je vous propose un exercice. Prenez un temps de réflexion et méditez sur les émotions de la liste ci-dessous. Pouvez-vous faire la différence entre les émotions positives et les négatives ? Il est très important d'arriver à le faire. Les émotions positives sont adaptatives et apportent de la tolérance à la frustration, la capacité d'évaluer les situations, les décisions conscientes pour les affronter et une saine auto-acceptation. Les autres sont inappropriées et mènent à l'idée d'une imminente catastrophe, à l'alarmisme du « je n'en peux plus » et à l'auto-condamnation. Les émotions positives, une fois identifiées, doivent être renforcées. Quant aux émotions négatives, elles sont comme les baobabs du *Petit Prince* [6] :

(6) Dans *Le Petit Prince,* d'Antoine de Saint-Exupéry, le personnage vit sur une petite planète, l'astéroïde B612, sur lequel il y

si nous les laissons croître, elles détruisent notre planète ! Il faut absolument les combattre.

Comment les identifier ? Les émotions négatives ont la caractéristique d'être automatiques, avec elles le corps se tend, nous dénigrons notre propre image, la souffrance devient inutile et dénuée de sens. Les émotions positives, quant à elles, naissent du cœur, la souffrance qui les accompagne peut être féconde, et de nouveaux chemins à parcourir apparaissent.

Prenons un exemple : Jean-Michel a perdu son travail. L'« inquiétude » de ne plus avoir de travail va lui donner de l'énergie pour en trouver un. Mais s'il est paralysé par l'« anxiété », il ne sera plus du tout efficace dans sa recherche d'emploi !

Il arrive qu'en voulant éviter toute souffrance nous ne voulions pas reconnaître les émotions positives comme l'inquiétude, la tristesse, la responsabilité, la désillusion et la contrariété. Pourtant, en les cultivant nous pouvons nous forger d'excellentes ressources. Nous découvrirons alors notre intelligence, la force, le courage avec lesquels nous faisons face aux situations et la patience avec laquelle sans nous résigner nous acceptons des pertes irréparables.

---

a trois volcans (dont deux sont en activité) et une rose. Il passe son temps à prendre soin de sa planète et à retirer les baobabs qui essaient constamment de s'y enraciner. S'il leur permettait de croître, les arbres feraient éclater la planète.

Émotions positives	Émotions négatives
Inquiétude	Anxiété
Tristesse	Dépression
Responsabilité	Culpabilité
Désillusion	Honte
Contrariété	Colère

Quand en certaines circonstances notre attitude nous apparaît incompréhensible, qu'elle nous semble par exemple disproportionnée, il y a de grandes chances que nous soyons face à un comportement automatique. Ce sont les fameux baobabs qu'il faut éradiquer, des pensées et des conduites réactives qui contribuent à nous épuiser.

Prenons quelques exemples :

1. Si je pense que « pour être accepté par les autres je dois être parfait », il y a de grandes chances que je devienne un perfectionniste anxieux.

2. Si je me dis que « je dois à tout prix réussir ce que j'entreprends », je risque fort de devenir un challenger égocentrique. Et en cas d'échec, déprimé, je pourrais me dire : « Je suis un raté », ou pire encore : « Si j'ai échoué, c'est parce que tous étaient ligués contre moi. »

3. Si mon seul but dans la vie est de vivre en couple et que je pense que « sans un partenaire avec qui je partage ma vie je ne suis rien », je risque d'être très dépendant affectivement et fragile face à la vie.

4. Si je ne cesse de me répéter que « quoi que je fasse, cela ne va pas marcher », il y a des chances que je n'aie confiance en personne et que je me sente très seul.

5. Attention aux mots « toujours, jamais, tout, rien ». Ces mots construisent nos schémas de pensée négatifs. Par exemple, se dire que « je n'ai jamais pu me sentir à l'aise avec personne » se traduit par un renfermement sur soi-même.

6. Si je pense que « si je commets la moindre erreur, je risque de tout perdre », je ne prendrai aucun risque et je serai paralysé. L'anxiété débouche sur une peur qui pétrifie.

7. Si j'ai tendance à tout dramatiser, je peux même penser que « bien que les choses se passent bien pour moi, elles risquent de se terminer mal »!

Ces différents exemples peuvent nous aider à identifier nos pensées négatives, mais je suis sûr qu'au cours de votre réflexion personnelle vous découvrirez vos propres pensées « baobabs ». Attention, simplement deux de ces pensées négatives peuvent suffire pour détruire notre planète!

En revanche les émotions positives s'accompagnent quant à elles de pensées qui permettent d'affronter la réalité avec force.

Voici dix exemples pour une « plongée intérieure » :

1. Une confiance fondamentale me fait dire que « quoi qu'il en soit, je m'en sortirai toujours ».

2. Ou bien je peux me dire que je ne sais pas si je réussirai mais que « si je fais des efforts dans ce travail, je peux arriver à le maîtriser ». Viktor Frankl avait l'habitude de dire : « L'intention est nôtre, le résultat appartient à Dieu. »

3. Face à un obstacle nous pouvons nous dire : « J'ai survécu à tant de difficultés, pourquoi pas à celle-ci? »

4. Ou bien face à une marque de confiance penser : « On a raison de me faire confiance, déjà en maintes occasions j'ai été digne de cette confiance. »

5. On peut avoir la conviction que « les gens me respectent », et si d'aventure je ne suis pas respecté, c'est parce qu'ils ne me connaissent pas vraiment.

6. « Je vais résoudre les problèmes. » Dans cette phrase l'absence de mot absolu est intéressante. Vous auriez pu dire : « Je résous toujours les problèmes », mais sous cet optimisme apparent se cache la bipolarité de la pensée par laquelle on passe, sans médiation, de la sécurité du succès à l'échec retentissant en cas d'un petit faux pas qui enlève toute valeur au mot « toujours ».

7. Pour optimiser mes points forts je peux penser : « Il vaut mieux que je me prépare à l'avance pour mieux faire les choses. » Cette idée me donne la garantie qu'en étant maître du temps je suis maître de mes ressources.

8. « J'aime les défis », une fois que je les ai relevés, je me découvre des ressources que je ne me connaissais pas.

9. « Il n'y a pas grand-chose qui puisse me faire peur », avec le temps je fabriquerai des outils de défense pour que ma peur ne me paralyse pas.

10. « C'est normal que les choses se passent bien pour moi », et même quand elles vont mal, il reste toujours d'autres chemins pour sortir de cette situation.

Existe-t-il des caractéristiques qui permettent de différencier les pensées négatives des pensées positives et adaptatives ? Nous avons déjà vu de quelle manière les premières sont automatiques et les secondes réflexives ; les premières sont réactives aux circonstances, les secondes sont proactives, c'est-à-dire qu'elles naissent du processus qui consiste à observer de manière réaliste le milieu pour agir avec détermination sur lui. Pour fixer le schéma dans notre mémoire, voyons dans le tableau qui suit les caractéristiques qui différencient les deux types de pensée, en prenant comme exemple l'émotion de la peur.

Pensée primaire et automatique	Pensée mature et réfléchie
Considère le problème dans une seule dimension – Ex. : Je suis peureux.	Considère le problème de façon multidimensionnelle – Ex. : Je suis peureux, mais je suis aussi généreux et intelligent.
Absolutiste et moraliste – Ex. : Je ne suis qu'un pauvre lâche.	Relative – Ex. : Je suis plus lâche que la majorité des personnes que je connais.
Définitive – Ex. : J'ai toujours été peureux et le serai toujours.	Évolutive – Ex. : Mes peurs varient d'un moment à l'autre et d'une situation à une autre.
Personnalité – Ex. : J'ai une personnalité phobique.	Comportement – Ex. : J'évite souvent certaines situations à cause de mes peurs.
Irréversibilité – Ex. : J'ai toujours été peureux, rien ne pourra me faire changer.	Réversibilité – Ex. : Je peux essayer d'apprendre à lutter le mieux possible contre mes peurs.
Tranchée – Ex. : Ou j'arrive à vaincre totalement mes peurs ou je n'y arrive pas du tout.	Nuancée – Ex. : Je peux essayer de vaincre mes peurs, peut-être serai-je toujours peureux mais beaucoup moins.

Vérifiez que la réflexion vous mène :

1. À ce que les réponses aux situations de la vie soient toujours multidimensionnelles, c'est-à-dire que la compréhension de la réalité embrasse la plus grande quantité d'aspects et d'informations possible et donne une plus grande possibilité de réponses.

2. À ce que les jugements soient relatifs et subordonnés au respect de ma personne et à celle des autres, en jugeant seulement les actes et non les intentions.

3. À être toujours plus convaincu d'être en train de parcourir un chemin qui n'est pas linéaire, mais sinueux, où l'on fait parfois des retours en arrière et des pauses.

4. À ce que vous appreniez à recommencer autant de fois que nécessaire à vaincre vos pensées négatives.

Les facteurs externes

> Les facteurs externes embrassent les dimensions culturelles, institutionnelles et interpersonnelles qui affectent les individus et les rendent victimes du burn out.

Passons maintenant des facteurs individuels qui aboutissent au burn out aux facteurs institutionnels. Reprenons l'exemple de la maison. Nous disions qu'une maison bien construite et avec des matériaux d'une bonne qualité pourra également être détruite si les forces extérieures sont dévastatrices (bombardements, tsunamis, tornades, etc.). Arrêtons-nous maintenant aux facteurs externes qui embrassent les dimensions culturelles, institutionnelles et interpersonnelles.

Tout aidant découvrira vite que ceux qu'il faut aider sont nombreux et que leurs besoins sont multiples. Il devra s'habituer à un sentiment de frustration. Il ne peut pas tout régler.

D'autre part les besoins des personnes qui nécessitent de l'aide sont très variés, alors que chaque profession est spécialisée. Nous pouvons par exemple travailler dans une clinique ophtalmologique, avoir un bon service mais recevoir des personnes qui en plus de leurs problèmes oculaires sont dans une grande pauvreté. Un autre élément difficile à vivre, c'est la difficulté à évaluer les résultats, et donc les compliments sont souvent rares.

De plus, dans le cadre de l'Éducation nationale, les instituteurs et les professeurs sont face à des changements culturels et de société de grande ampleur, par conséquent ils peuvent avoir le sentiment de ne pas être toujours à la pointe du changement et des connaissances qui ne cessent de grandir dans bien des domaines et avoir du mal à s'adapter aux nouvelles générations.

En outre, quand le rôle de chacun n'est pas bien défini, ce sont souvent les plus compétents qui suppléent aux différents manques. Prenons l'exemple de Joséphine qui vient me consulter. Elle est directrice adjointe d'un collège dont le directeur semble dépassé. Face à cette situation l'inspectrice du ministère de l'Éducation nationale lui demande d'exercer les fonctions de directrice, sans en avoir officiellement le titre et tout en laissant en fonction le directeur incompétent. Joséphine devra donc assumer le travail de direction sans heurter la sensibilité du directeur en place et sans en avoir clairement le titre. Et pour couronner le tout, elle ne recevra que le salaire d'un simple professeur des écoles, parce que celui de directrice adjointe n'est pas encore budgétisé ! Il y a là confusion et ambiguïté dans l'assignation des rôles, surcharge de travail et rétribution insuffisante. En seulement deux ans Joséphine va être en burn out.

Dans certains cas aussi les institutions peuvent fixer des objectifs et des exigences surréalistes. Ces objectifs, martelés avec force, génèrent souvent une grande frustration. Sans oublier les nombreuses injustices en matière de rémunération et le manque de reconnaissance des compétences.

Ces dysfonctionnements institutionnels sont un véritable bouillon de culture propice à rendre malades les personnes vulnérables. Au dysfonctionnement institutionnel s'ajoute fréquemment un climat de relations interpersonnelles toxiques sur le lieu de travail. Mes patients souffrent souvent du manque de soutien entre collègues dans un climat de travail fait de compétitivité, de méfiance, d'envies, de harcèlement et même dans certains cas de situations d'abus.

Essayons de proposer quelques recommandations. Il faut avant tout préconiser le dialogue interpersonnel. Et comme nous l'avons déjà vu quand nous avons parlé des ressources personnelles, de petites décisions peuvent devenir des facteurs déterminants d'un grand changement.

Dans toute entreprise il est bon de :

1. Promouvoir des groupes de paroles avec des réunions régulières car il est important de pouvoir échanger sur ce que l'on vit au travail. Ces réunions seront l'occasion de confronter après quelques minutes de silence et de réflexion

personnelle les expériences, positives comme négatives, que chacun a pu connaître. Souvent nous pensons : « Ces choses n'arrivent qu'à moi. » Pourtant, grâce à ces groupes de parole nous pourrons souvent découvrir avec étonnement qu'entre collègues nous avons beaucoup de choses en commun et que nous ne sommes pas seuls au monde.

2. Approuver à la majorité des objectifs clairs, réalistes et partagés par tous dans la mesure du possible. Planifions aussi comment vérifier la bonne marche des projets dans des temps et avec des critères partagés. Pour cela, prévoir sur l'agenda des réunions de groupe régulières.

3. Chercher ensemble des réponses originales aux problèmes de toujours. D'autre part, faire un diagnostic régulier des nouveaux problèmes et penser ensemble à des solutions inédites, spécialement dans les activités éducatives.

4. Multiplier les programmes d'ateliers de développement pour la formation continue en cherchant à optimiser les compétences relationnelles. Les formations pour améliorer la communication sont souvent très utiles!

5. Mettre à jour les compétences professionnelles et favoriser l'adaptation aux évolutions. Programmer dans l'entreprise, l'école ou l'hôpital la participation de tous à des congrès et des formations.

6. Rendre possible un travail créatif pour tous. Ou a minima offrir la possibilité de faire le même travail de différentes manières. Cela requiert bien sûr de la souplesse dans l'organisation du travail.

7. Faire le point régulièrement avec des spécialistes du burn out. Dans certains lieux de travail on peut par exemple faire passer le test MBI (cf. p. 33 s.) une fois par an. Attention,

il est recommandé de ne pas le faire à l'approche des fêtes de fin d'année, période très propice au stress.

8. Promouvoir parmi le personnel de brefs temps de fête tous ensemble, des rencontres, des excursions, pour améliorer les relations interpersonnelles dans des ambiances détendues.

RECOURS INSTITUTIONNELS

Groupes de soutien et de communication.
Objectifs institutionnels clairs et réalistes.
Chercher des réponses originales aux problèmes récurrents.
Améliorer les compétences.
Ateliers de formation continue.
Encourager le travail créatif.
Contrôles réguliers de burn out.
Favoriser des ambiances et des temps récréatifs.

Conclusions

Dans ce chapitre nous avons utilisé quelques outils simples et accessibles pour déterminer dans quelle mesure nous sommes atteints par le burn out et mettre en œuvre le plus vite possible quelques changements, personnels et institutionnels, qui permettent de récupérer l'énergie perdue. Nous pourrions nous arrêter là mais cela serait insuffisant.

Nous sommes faits de telle manière que nous ne cherchons pas simplement le bien-être, mais nous voulons un motif pour cet « être bien ». Ce que nous avons dit jusque-là nous oriente vers la compréhension d'une autre dimension, la perspective existentielle dans laquelle parler du burn out nous amène à réfléchir sur le sens même de notre travail. Établir les fondements du sens de notre vie et de notre travail requiert des critères de réflexion très différents. Un regard superficiel occasionné par notre culture nous fait oublier une vérité très simple : tout arbre a des racines qui ne se voient pas. Comme les arbres, nous avons des racines, nous avons des dimensions profondes souvent inconnues et inconscientes. Par conséquent si nous voulons surmonter *définitivement* le découragement professionnel, il devient nécessaire d'avoir une vision qui parte de la sagesse et qui pose son regard sur le fondement des choses. Ainsi, les changements psychologiques et institutionnels que nous avons énumérés pourront s'enraciner et subsister s'ils sont accompagnés de transformations existentielles.

En effet nous ne pouvons pas éluder l'essence spirituelle de l'homme et de la femme et sa manifestation dans la transcendance. Pour cela nous allons suivre les enseignements d'un *tzadik* [7], un savant : Viktor Frankl, fondateur de l'école de logothérapie, qui a vécu au siècle passé, qui a souffert, surmonté et pardonné une des situations les plus dramatiques et cruelles qu'un homme ait pu vivre, être prisonnier dans un camp de concentration nazi.

(7) Mot hébreu qui fait référence aux justes ou aux saints que le judaïsme considère comme des autorités spirituelles.

Chapitre 2

LE BURN OUT
À PARTIR DE LA LOGOTHÉRAPIE

« C'est le fait d'être préoccupé du sens de son existence qui caractérise justement l'homme comme tel [8]. »
Viktor FRANKL

(8) Viktor FRANKL, *La Psychothérapie et son image de l'homme,* Le Centurion-Resma, Paris 1970, p. 66.

Depuis toujours la question sur le sens de l'existence accompagne l'être humain, elle surgit à partir de sa réalité la plus intime et la plus essentielle.

Si cette question n'avait pas de réponse, nous nous retrouverions face à l'absurde. C'est pourquoi le psychiatre autrichien Viktor Frankl (1905-1997) affirmait que dans toute circonstance, même les plus douloureuses, il existe un sens à la vie; découvrir ce sens est la tâche fascinante et indispensable pour atteindre le bonheur. Or la parole, le témoignage de Viktor Frankl revêt une grande autorité morale, non seulement comme médecin et scientifique, mais surtout comme survivant des camps de concentration nazis. Selon lui, même dans ces lieux d'horreur il était possible de donner un sens à sa vie.

Viktor Frankl est encore trop peu connu en France. Pourtant il existe de nombreuses publications sur la logothérapie [9]. Frankl lui-même a laissé une œuvre vaste et construite. Les nombreux éléments autobiographiques de

(9) Logothérapie, mot d'origine grecque : « thérapie centrée sur le sens ». *Logos* se traduit par « raison », « sens » et il est important de souligner que depuis le commencement de la pensée philosophique

son œuvre, en partie traduite en français, intègrent à la base scientifique de la théorie le sérieux du témoignage.

L'un de ses ouvrages est incontournable : *Découvrir un sens à sa vie* [10]. Écrit pendant la période qui suivit la libération, Frankl y analyse la psychologie du prisonnier d'un camp de concentration. Des réflexions, des récits, des anecdotes tirées de son témoignage personnel le plus intime font de ce livre un chef-d'œuvre qui, par son style et sa profondeur, peut être comparé aux *Confessions* de saint Augustin. Ce sont deux ouvrages de sagesse et de témoignages dans lesquels les auteurs dialoguent avec Dieu.

Frankl écrit ce livre bouleversant à la fois pour lui-même, en quête d'un apaisement pour son âme, pour les lecteurs, à qui il souhaite transmettre un peu de son expérience presque incommunicable, et pour Dieu, telle la prière du juste persécuté de la tradition juive. Ce livre ne peut laisser le lecteur insensible. Une étude menée par le *Book of the Month Club* et la Bibliothèque du Congrès des États-Unis a montré que *Découvrir un sens à sa vie* comptait parmi les dix livres les plus influents aux États-Unis. De plus son influence positive perdure chez les lecteurs même après plusieurs années, grâce au message paradoxal d'espoir qu'offre le récit. Espoir dans les possibilités de l'être humain, capable de tant de haine et d'atrocité et, simultanément, de tant d'héroïsme et d'amour. C'est un livre inoubliable à lire absolument!

---

grecque, ce terme désigne le fait de laisser dire des événements sans leur imposer une interprétation, les laisser se manifester, s'imposer.
(10) Viktor Frankl, *Découvrir un sens à sa vie (avec la logothérapie),* Les Éditions de l'Homme, Montréal 2013.

Viktor Frankl : « l'homme qui a trouvé un sens à sa vie en aidant les autres à le découvrir »

Viktor Frankl se présente lui-même comme celui qui a trouvé un sens à sa vie en aidant les autres à le découvrir. C'était un homme profond et simple, cordial et humble, toujours à l'écoute et dont le visage reflétait une bonne humeur inaltérable.

En juin 1996 avec un petit groupe de Latino-Américains, je participais au premier Congrès international de psychothérapie à Vienne. Nous étions trois mille dont plus de cinq cents courants de psychologie différents. Je revois encore la scène. Au milieu d'un brouhaha indescriptible, dans une salle comble, un vieil homme presque aveugle, avec d'immenses lunettes, de petite taille et courbé, s'approche lentement de l'estrade. Il s'exprime avec lenteur, d'une voix fatiguée et à peine audible. Sa conférence en anglais ne dure que quelques minutes durant lesquelles il affirme sa conviction la plus profonde : *la vie a toujours un sens, même dans la souffrance et face à la mort.* Il n'y avait rien à ajouter. La salle se leva dans une *standing ovation.* Pendant que l'on entendait encore les applaudissements, l'homme s'est rassis au premier rang, aidé de ses proches, aussi lentement qu'il était monté. Cet homme était Viktor Frankl, il avait 92 ans, et sa parole, sa pensée et son témoignage ne faisaient qu'un. Bien qu'étant dans la dernière année de sa vie, il avait gardé sa légendaire capacité de communication.

Une telle personnalité ne s'improvise pas, elle est sans doute le fruit des décisions et des attitudes qu'il a adoptées face aux vicissitudes de la vie. En effet Viktor Frankl a vécu des événements particulièrement dramatiques, mais la vie n'a pas non plus été avare avec lui d'expériences d'amour et de joie. Cet entrelacement d'épreuves et de décisions, de cœur et de raison, de science et de poésie, de sens découvert, de souffrance et de bonheur, a construit une des grandes figures du XXe siècle, siècle qui, comme s'il voulait s'excuser de tant d'injustice, de haine, de guerres et d'immoralité, nous a offert des géants pour illuminer ses zones d'ombre [11].

Sans prétendre aucunement écrire une biographie de Viktor Frankl, je souhaite vous partager en toute simplicité certains épisodes de sa vie qui ont le plus influencé ma propre vie et ont fait émerger, à l'heure des grandes décisions, le meilleur de moi-même.

Une fois l'Autriche annexée au Troisième Reich d'Hitler, les persécutions raciales ont cruellement commencé. Frankl, d'origine juive, marié, la quarantaine, psychiatre reconnu, obtient, grâce à sa renommée au sein du monde scientifique international, un visa pour émigrer aux États-Unis. Mais il se trouve face à un dilemme. S'il émigre, il pourra publier sa thèse, faire connaître et promouvoir la logothérapie. Mais s'il reste à Vienne, cela lui permet de protéger ses parents et d'éviter, au moins dans l'immédiat, qu'ils ne soient déportés. Que faire? Il cache son étoile jaune et entre dans la cathédrale pour réfléchir calmement et faire

(11) La liste est longue et selon Gabriel Marcel ils sont envoyés depuis un autre monde. Je pense à Karol Wojtyla, Mère Teresa de Calcutta, Jean XXIII, Paul VI, Simone Weil, Chiara Lubich, Martin Luther King, Mahatma Gandhi, Martin Buber, Dietrich Bonhoeffer et beaucoup d'autres qui illuminent par leur lumière un des siècles les plus sombres de l'histoire.

un choix. Mais le doute demeure. Alors qu'il rentre chez lui, son père lui apprend qu'une bombe a détruit la synagogue et que des décombres il a ramassé une pierre sur laquelle était gravée une lettre hébraïque que l'on trouve uniquement dans le quatrième commandement : « Honore ton père et ta mère. » Pour Frankl c'est un signe qu'il doit rester auprès des siens. Il sera alors déporté avec toute sa famille. À Auschwitz il est séparé de son épouse et lui dit sans savoir s'il la reverra : « Sauve ta vie coûte que coûte. » Ainsi, Frankl délie son épouse de son vœu de fidélité en pensant que peut-être un haut dignitaire nazi s'intéressera à elle et que cela lui permettra d'être sauvée. Seuls une hiérarchie précise des valeurs et un détachement radical peuvent permettre de tels actes d'héroïsme.

« Dire oui à la vie, au-delà de tout » devient son leitmotiv.

Lors d'une conférence Freud aurait affirmé : « Soumettez à un régime de famine un certain nombre de personnes de toutes les conditions, vous verrez, cela efface les différences individuelles et apparaissent à la place des manifestations uniformes d'un instinct insatisfait. » Grâce à Dieu, commente Frankl, Freud n'a pas eu à connaître de l'intérieur un camp de concentration ou de prisonniers de guerre. Ses patients s'allongeaient sur un confortable divan de style victorien, loin des immondices d'Auschwitz ou de Stalingrad. Car selon Frankl dans les camps les différences ne se sont pas effacées mais au contraire elles se sont accentuées. Là-bas, écrit-il, les canailles et les saints se sont révélés. Malheureusement les personnes honnêtes étaient une petite minorité. Nous savons depuis Auschwitz de quoi est capable l'être humain.

Principes essentiels de la logothérapie

Présentons succinctement la logothérapie. Bien sûr, nous vous renvoyons aux ouvrages de Viktor Frankl car notre présentation est sommaire et sûrement incomplète. La logothérapie consiste à appréhender l'homme comme un être qui cherche avant tout un sens à sa vie et non pas comme un être qui chercherait d'abord à satisfaire ses besoins et ses instincts selon le principe de plaisir ou par une volonté de puissance.

Commençons par définir brièvement seize principes fondamentaux.

1. La logothérapie affirme que la vie offre en toute circonstance, heureuse ou malheureuse, une signification, un sens profond à découvrir.

2. Tout être humain, s'il en a le désir, peut trouver un sens à sa vie. Chaque homme a une raison de vivre qui lui est unique et qui lui est révélée à lui seul.

3. Pour découvrir le sens de sa vie il lui faut écouter sa conscience, ce que Pascal nomme *les raisons du cœur* [12].

4. Chaque personne est bien sûr libre de choisir le sens de sa vie ; ce sont essentiellement pour Frankl des valeurs objectives universelles, morales et spirituelles [13].

---

(12) « Le cœur a ses raisons que la raison ne connaît point » (Blaise Pascal, *Pensées* [1670], Lafuma 423, Brunschvicg 277).

(13) Par exemple, dans la décision que Frankl prend de rester à Vienne pendant la persécution nazie, nous voyons comment interviennent des facteurs situationnels : la vie de ses parents, ou la science, et des facteurs de valeur universelle : « Honore ton père et ta mère. »

5. Chaque personne doit tenir compte non seulement des réalités corporelle, cognitive et relationnelle mais aussi spirituelle.

6. C'est précisément par sa dimension spirituelle que l'être humain acquiert sa spécificité. Et c'est dans cette dimension qu'il doit être connu et aimé. Frankl appelle cette émergence du spirituel dans la dimension organique « la force indomptée de l'esprit ». Il avait l'habitude de dire en tant que médecin que l'esprit est la partie saine de la personne malade. Dans ses écrits la dimension spirituelle est appelée par Frankl de différentes façons : être intérieur, être existentiel, être noologique [14].

7. Trouver un sens à sa vie répond au besoin existentiel de tout homme. Mais cette recherche peut être frustrée ou réprimée. Selon Frankl, dans le vide existentiel les personnes ont « le sentiment que la vie n'a aucun sens. Elles n'ont pas de raison de vivre consciente. Elles sont hantées par un sentiment de vide intérieur, le "vide existentiel" [15] ». À ce vide, qui n'est pas une pathologie, s'ajoute parfois une névrose, la *névrose noogène,* caractérisée par la manifestation d'une symptomatologie anxieuse et dépressive comme réponse psycho-organique à la frustration de la réalisation du sens.

8. L'amour est la seule façon de saisir un autre être humain dans l'essence même de sa personnalité. Par l'amour on peut connaître les traits essentiels de la personne et l'amener à découvrir ses potentialités cachées.

---

(14) De *noûs,* « esprit » en grec.

(15) Viktor Frankl, *Découvrir un sens à sa vie,* op. cit., pp. 104-105.

9. Nous pouvons surmonter nos préoccupations grâce au rire et à l'humour même dans les circonstances les plus dramatiques. Cela permet l'auto-distanciation.

10. Quelles que soient les circonstances douloureuses que l'homme peut être amené à traverser, il peut choisir la façon de les vivre. La logothérapie considère la responsabilité comme l'essence même de l'existence humaine.

11. Notre existence *présente* est non seulement conditionnée par le *passé* mais aussi par ce que nous souhaitons être dans le *futur*. Frankl avait l'habitude de dire : « L'"avoir été" est une forme d'"être", la plus sûre. »

12. La logothérapie propose trois façons de trouver un sens à sa vie. Tout d'abord, à travers un travail à accomplir ou une bonne action à mener (valeurs créatives) ; ensuite, nous donnons sens à notre vie en faisant l'expérience de la beauté, de la vérité, de la bonté ou de l'amour véritable (auto-transcendance de l'existence humaine) ; enfin, nous pouvons choisir une attitude digne pour affronter une souffrance inévitable (valeurs d'attitude), quelles que soient la souffrance et les circonstances qui l'entourent.

13. L'homme méconnaît ses limites et sa force jusqu'à ce que la vie l'oblige à les mettre à l'épreuve. Les valeurs d'attitude surgissent dans trois circonstances spécifiques : la souffrance, la faute et la mort. Personne ne peut éviter de les affronter.

14. Le bonheur et le plaisir sont des *effets collatéraux*. Succès, plaisir et bien-être sont des valeurs qui arrivent « par surcroît [16] ».

(16) J'emploie le mot « par surcroît » du Sermon sur la montagne, même s'il a un usage peu courant : « Cherchez d'abord le royaume

15. Chaque individu est unique et ne peut être remplacé. Pour la logothérapie l'homme et la femme sont des êtres caractérisés par leur singularité, leur unicité, leur relation à l'autre et leur finitude.

16. La personne se transcende dans la relation à l'autre. L'être humain est unité et communion de personnes. C'est pourquoi le corps spiritualisé et l'esprit incarné sont les signes visibles du sens de l'engagement du mariage.

Vous l'aurez compris, la logothérapie, plus qu'un courant psychothérapeutique, est une anthropologie, c'est-à-dire une conception de la personne humaine dans laquelle on intègre l'être biologique, psychologique, social et aussi l'être spirituel.

Qu'arrive-t-il quand on réprime la spiritualité de l'homme ? Souvent dans les cas les plus difficiles, le thérapeute perd espoir en la guérison de son patient et il peut devenir amer. Le malade, de son côté, peut se sentir déterminé par son passé ou par son hérédité ou par l'éducation qu'il a reçue, et il n'a plus confiance en lui. Cela peut alors provoquer une immobilisation des énergies thérapeutiques de celui qui soigne comme de celui qui est soigné, l'une et l'autre s'aggravant mutuellement.

Pour Frankl la dimension spirituelle de l'homme constitue son unité et la dispersion des différentes forces de l'homme cause sa souffrance.

---

et la justice de Dieu, et tout cela vous sera donné par surcroît » (Matthieu 6,33).

Pour la logothérapie, l'homme libéré de ses conditionnements est capable de tendre, par sa volonté, vers la découverte du sens de la vie.

D'après Frankl, il le fait à travers trois chemins : par la réalisation des valeurs de créativité, par la contemplation ou l'expérience de la vie, et dans le fait d'assumer une situation de souffrance avec la plus grande dignité possible (voir plus haut le point 12). Avec les valeurs de créativité la personne transforme son monde, le change, le reconstruit en le faisant sien. Mais, et cela est évident, nous avons une vie en dehors du travail, les valeurs relatives au vécu et à l'expérience se trouvent dans la joie que nous procure le fait de vivre et d'accueillir ce que la vie nous donne à travers l'art, la nature, les personnes que nous aimons et les relations que nous entretenons. Je me souviens que lors de la première année de mes études universitaires de médecine nous avons noué un pacte avec mes amis : ne pas laisser les longues heures d'étude nous empêcher de continuer à poursuivre nos engagements politiques, sociaux, à assister à des concerts, à visiter des musées ou à se perdre dans de longues discussions amicales. Nous étions conscients de l'abrutissement qui nous aurait guettés si nous ne nous étions concentrés que sur ce qui était à cette époque-là notre travail : les études.

Enfin, dans certaines circonstances douloureuses où il n'est pas possible de travailler ni de jouir des bonheurs de la vie, il reste toujours une source de sens, peut-être la plus essentielle : donner de la valeur à la souffrance en tant qu'apprentissage offrant comme l'ultime garantie de sa propre grandeur.

On m'a demandé un jour si les situations douloureuses nous amènent à vivre uniquement les valeurs d'attitude ou si elles permettent d'autres possibilités de sens. La question était pertinente car accepter immédiatement la souffrance pourrait nous amener à l'apathie. Quand on peut changer les choses, nous sommes appelés à le faire, en faisant appel aux valeurs créatives. Mais si on n'a aucune prise sur un destin défavorable, chercher à tout prix à le changer ressemble plus à de l'obstination qu'à de la force. Vouloir changer ce qui est irrémédiable peut seulement aggraver les choses. Si nous les examinons en profondeur, ces valeurs s'appellent les unes les autres : les valeurs d'attitude supposent toujours un changement intérieur, une véritable « créativité tournée vers l'intérieur », tandis qu'il faudra accepter que ce que nous aurons réalisé soit toujours imparfait. De toute manière la limite entre les deux est ténue et fréquemment nous nous trouvons face à ce dilemme existentiel : dois-je agir ou accepter ? Personnellement la prière de sérénité que récitent les Alcooliques Anonymes ainsi que de nombreux groupes d'entraide m'aide beaucoup. Elle dit ceci : « Mon Dieu, donne-moi la sérénité d'accepter les choses qui ne peuvent être changées, le courage de changer les choses qui doivent être changées, et la sagesse de distinguer les unes des autres [17]. »

> Il existe trois sortes de valeur qui donnent un sens à la vie : la valeur créative, celle relative au vécu et à l'expérience, et la valeur d'attitude.

(17) Cette prière a pour auteur le pasteur Reinhold Niebuhr, et dans sa formule complète elle dit ceci : « Mon Dieu, donne-moi

Ces trois chemins de réalisation du sens que nous avons décrits – par les actes, par la jouissance des bonheurs de la vie et par l'acceptation de la souffrance – intéressent le burn out. Ce syndrome est la manifestation de la perte du sens, et la sensation de vide correspond à la perte du sens du travail dans toutes ses dimensions. Le travail se présente à nous comme un désert où la seule chose que nous voyons ce sont nos illusions qui forment « des mirages conscients ». Les valeurs s'estompent. Tous les chemins porteurs de sens échouent : la réalisation créative, le plaisir de la vie et la souffrance féconde.

Un ingénieur en physique nucléaire de 37 ans, bien qu'ayant un travail passionnant avec une carrière assurée dans sa spécialité, me consulte et découvre que brûle en lui une passion pour la littérature. Il décide de se consacrer complètement à l'écriture poétique et narrative, abandonnant pour cela son excellente situation professionnelle. Nous pouvons imaginer les efforts intellectuels et économiques auxquels il s'est confronté. Sa décision n'a pas été non plus bien acceptée par le cercle familial, ses collègues et ses amis. Après un long processus et des luttes épuisantes,

---

la sérénité d'accepter les choses qui ne peuvent être changées, le courage de changer les choses qui doivent être changées, et la sagesse de distinguer les unes des autres ; vivre un jour à la fois, profiter de chaque moment, accepter les difficultés qui font partie de la route vers la paix ; accepter, comme Toi, le monde avec ses péchés tel qu'il est et non comme je le voudrais, avoir confiance que Tu t'occuperas de tout si je m'en remets à Ta volonté, que je serai raisonnablement heureux dans cette vie et absolument heureux avec Toi dans l'autre. Amen. »

un sentiment de vide l'envahit. Lors de l'une de nos rencontres il me raconte un rêve très suggestif et emblématique de cette perte de sens : « Je suis en train de faire un déménagement en plein désert. Je ne suis pas seul. Il y a des amis qui m'aident. Je ne peux pas dire exactement qui ils sont, sûrement des personnes proches, des amis. Chacun d'entre nous porte une caisse de livres et de disques. Nous marchons dans le désert, on ne voit rien, hormis du sable et quelques petites dunes. L'un d'entre nous fait tomber tous les livres et les disques. Nous nous arrêtons pour les ramasser, mais nous ne pouvons pas les trouver, ils ont été recouverts par le sable. Nous poussons le sable avec nos mains, nous creusons et nous en faisons des petits tas. Il n'y a rien dans les trous, ils pourraient tout aussi bien être sous les tas que nous sommes en train de faire. "Si nous continuons ainsi, nous ne les retrouverons jamais plus", crie-t-il désespéré. »

Faisons une pause pour réfléchir. Je cherche un coin tranquille, je mets entre parenthèses mes activités pendant au moins trois quarts d'heure. Je prends un carnet et un crayon.

Je me représente devant moi les trois chemins porteurs de sens : création, expérience vécue et attitude.

1. Je m'imagine faisant quelque chose pour changer ma vie et mon monde. Les choses que je fais ont-elles un sens ? Comment est-ce que je les vis ? Je récapitule ce que je fais quotidiennement. Mon activité change-t-elle quelque chose autour de moi ? Est-ce que cela correspond profondément à ce que je veux faire ? Suis-je à ma place ? Où ce que je fais me mène-t-il ?

2. Je m'imagine en train de jouir de la vie : par la contemplation de la beauté de la nature, la musique, la prière, l'amour, l'amitié, les personnes que j'aime. Quelle importance est-ce que je donne à cette dimension ?

3. Reviennent à mon esprit les moments douloureux de solitude, de perte et de souffrance, dans lesquels j'ai seulement la possibilité d'accepter ce que le destin a décidé. Est-ce que j'expérimente la situation de manière fataliste ou est-ce que je trouve en mon for intérieur la liberté pour choisir la meilleure attitude et ainsi pouvoir être dans l'acceptation et me transformer intérieurement ?

J'énumère les questions que la vie m'a posées ces derniers temps et je risque des réponses !

Quel a été le fruit de votre réflexion ? Vous êtes-vous retrouvé comme mon ami dans le désert : du sable, des dunes et pas de signe ? Ou peut-être dans une ville pleine de vie avec une richesse de sens allant dans toutes les directions ? Les possibilités sont infinies. Rappelez-vous que les images que nous avons en tête sont une énergie psychique qui nous stimule au moment de passer à l'action. Au jour le jour une image devient un facteur de changement quand elle nous amène à réaliser des actes concrets.

Le sens du travail

Les valeurs sont celles qui nous orientent et président aux grandes décisions. Malheureusement, à cause de certaines conditions inhumaines du travail, à cause de certaines formes d'éducation ou par peur, beaucoup de personnes n'osent pas faire des choix en accord profond avec leur vocation, conformément à cet appel intérieur que l'être humain entend dans le silence de son âme. Souvent les personnes ne prennent pas non plus le risque de se tromper plusieurs fois. Et pourtant, être fidèle à sa vocation, ce mystérieux appel, c'est l'aiguille de la balance où se joue l'existence si on a eu le privilège de vivre en être libre [18].

Analysons dans ce passage le sens du travail à partir de la logothérapie. La question sur *le burn out des bons Samaritains* nous amène à décrire le travail humain avec ses motivations et ses déconvenues. Référons-nous pour cela à un ouvrage de Viktor Frankl, *Ärztliche Seelsorge* [19]. Même si la première édition de ce livre en langue allemande date de 1946, il reste très actuel. Frankl y fait la synthèse de son expérience dans le *counseling* [20] avec de jeunes chômeurs pendant la crise économique des années 1930, une époque très similaire à la nôtre.

Frankl soutient que face à la question sur le sens de la vie il faut répondre par la vie elle-même, et que cette réponse doit se traduire dans notre activité de tous les jours ; elle est concrète et singulière, puisqu'elle est une réponse d'un individu unique et irremplaçable.

---

(18) D'après Ernesto SABATO, *La Résistance,* Seuil, Paris 2002.
(19) Viktor FRANKL, *Ärztliche Seelsorge. Grundlagen der Logotherapie und Existenzanalyse,* Franz Deuticke, Vienne, Fischer Taschenbuch 42302, Francfort-sur-le-Main 1946-1997.
(20) *Counseling :* thérapie de groupe [NdT].

Le travail en soi ne réalise pas pleinement l'homme et n'est pas non plus une garantie de bonheur. La réalisation dans le travail s'obtient quand la personne met toute *sa* capacité dans le travail qu'elle réalise *en fonction de la communauté.* Certaines personnes qui ne se sentent pas satisfaites par leur travail professionnel lui en attribuent la faute, mais c'est plutôt en elles-mêmes qu'elles devraient chercher la raison de cette déception. Frankl conseille de faire valoir dans le travail ce quelque chose de personnel et spécifique qui donne un caractère unique et insubstituable à notre existence, et avec cela un sens à la vie.

Donnons un exemple. Qu'est-ce qui donne un sens au travail des médecins ? Est-ce de suivre scrupuleusement les règles de l'art de guérir, de prescrire tel ou tel médicament ? Non, ce qui donne un sens au travail du médecin, et le rend irremplaçable, c'est ce que fait le médecin en tant que personne dans l'exercice de sa profession et qui transcende ce qui est purement professionnel, c'est ce qu'il y a en lui de personnel, d'humain, par exemple les prouesses qu'il réalise pour soigner le mieux possible dans des situations de service public précaires. Pour Frankl, ce qui fait que les actes d'une personne sont singuliers et irremplaçables, quelque chose d'unique, quelque chose que l'on ne vit qu'une fois, dépend de la personne même, dépend de ce qu'elle fera et de la manière dont elle le fera, pas du type de travail en lui-même.

Ce qui ne veut pas dire bien sûr qu'il faille négliger les règles de médecine et la formation professionnelle. Être un bon médecin passe indiscutablement par la maîtrise de son métier. Mais, nous enseigne Frankl, il ne suffit pas d'être un parfait praticien pour trouver dans son travail un sens à sa vie et éviter le vide existentiel. Seul le bon médecin qui y met quelque chose de lui-même peut y parvenir.

Nous les médecins, nous recevons parfois la gratitude de nos patients. Nous aimerions certainement qu'ils fassent l'éloge de notre compétence. Mais le motif de la gratitude n'a généralement rien à voir avec cela. Le patient est reconnaissant pour quelque chose qui déborde l'aspect purement professionnel et qui reste difficile à définir. Est-ce que ce sont des gestes de gentillesse ? Des actions qui vont au-delà des moments de travail (par exemple envoyer au malade un e-mail avec des informations sanitaires utiles) ?.. Difficile de le savoir. Frankl dirait que c'est ce qui est personnel et humain qui transcende l'acte professionnel. Par conséquent ce n'est pas un motif de fierté, puisque ce qui est personnel et humain fait partie de notre nature et n'est pas le résultat d'un effort sur soi. La conscience que la vie elle-même est un don génère le sentiment de gratitude à la fois chez la personne qui a reçu ce don et chez ceux qui la côtoient.

Souvent le travail est insatisfaisant parce qu'on trouve injustes les conditions dans lesquelles il est exercé, par exemple une rémunération trop faible. Dans ce cas, on trouve un sens à sa vie dans tout ce que l'on fait pour changer la situation, dans la lutte pour améliorer les conditions de travail. Parallèlement il est nécessaire de trouver le sens plénier du temps libre pour compenser le vide existentiel d'un travail si peu satisfaisant.

Si le travail donne un sens à notre vie, inversement le fait de ne pas en avoir le lui retire. C'est lorsque nous perdons notre travail que nous en apprécions la valeur. La personne inactive vit un vide de sens caractéristique. L'apathie est un trait spécifique de la névrose de la personne désœuvrée. Cet état est dangereux pour l'homme qui en souffre, puisque son manque d'intérêt allant en augmentant, les possibilités de trouver un autre travail diminuent. Frankl évoque le cas d'un jeune chômeur qui pendant tout le temps de son inactivité, où il se sentait désespéré et au bord du suicide, a connu un seul bon moment. Un jour, à la tombée de la nuit, assis sur le banc d'un parc, il a vu près de lui une jeune fille qui pleurait. Il s'est approché d'elle et lui a demandé quelle était la raison de son désespoir. La jeune fille lui a raconté ses problèmes et lui a dit qu'elle était fermement résolue à se donner la mort. Le jeune a dû faire appel à toute sa force de persuasion pour faire renoncer la jeune fille à cette idée funeste, et a fini par la convaincre. Ce moment-là, le seul utile depuis longtemps, a été un point lumineux dans son existence, parce qu'il lui a redonné le sentiment que sa vie possédait un sens. Et ce sentiment l'a arraché, bien que pour quelques instants seulement, à l'état d'angoisse et d'apathie dans lequel il avait sombré. Entre deux personnes inactives, l'une qui déprime et l'autre qui réagit, c'est la seconde qui retrouvera le plus facilement un nouveau travail.

Par ailleurs, le travail donne un sens à la vie si on le réalise en prenant une certaine distance. Aristote encourageait à chercher en tout « la juste mesure », ce qui ne signifie pas un moyen terme. Si le chômage peut mener à la névrose, la dépendance au travail est tout aussi néfaste. Le chômeur se sent inutile, il n'a rien à faire et il ne trouve pas de sens à sa vie. Celui qui ne vit que pour son travail ressent la même chose pendant son temps libre. Frankl appelle ce syndrome la « névrose dominicale ». L'homme, après avoir travaillé intensément toute la semaine, arrive au dimanche et ne voit aucune activité devant lui, il comprend alors son vide intérieur et devient triste, ou bien il utilise son temps libre avec une rage maniaque (sports extrêmes, violence sur les terrains de foot, beuveries et toxicodépendance).

Heureusement, beaucoup savent occuper de façon créative les moments de loisir dont ils disposent, par exemple au sein d'associations caritatives, sportives ou culturelles. Le sens de leur vie ne se réduit donc pas à une activité professionnelle et même s'ils n'en ont pas, leur vie a un sens. Il suffit de penser aux nombreux retraités qui œuvrent bénévolement dans différentes activités (centres d'accueil pour étrangers, bibliothèques, activités sportives avec des enfants, etc.). Ce bénévolat s'exerce généralement avec un haut niveau de compétence, grâce à leur longue expérience professionnelle.

Nous savons que la névrose du désœuvrement a des répercussions non seulement sur le psychique, mais aussi sur le biologique. La retraite peut donc être une période de la vie très difficile. Frankl rappelle que Goethe, déjà âgé, a travaillé pendant six ans à écrire la seconde partie de sa tragédie *Faust,* et deux mois après, considérant son œuvre comme terminée, il mourut. Frankl lui-même a obtenu son brevet pour piloter des avions de tourisme à l'âge de 76 ans.

Nous l'avons déjà dit, celui qui souffre de « névrose dominicale » se réfugie dans le travail professionnel, le vide existentiel et la pauvreté de sens de sa vie se révèlent quand l'activité professionnelle s'arrête le week-end. Frankl dit : « On a l'impression que l'homme, dans l'incapacité de donner un but à sa vie, court et travaille dur, et de plus en plus vite, précisément pour éviter de se rendre compte qu'il est en train d'aller nulle part. »

L'homme essaie alors d'échapper à ce vide. Se fuyant lui-même, il cherche à se distraire à travers des activités qui l'empêchent d'avoir un dialogue intérieur ou interpersonnel. La discothèque est un lieu privilégié pour fuir. Là, la parole de l'espace intérieur s'estompe parce qu'un intense mouvement corporel accompagné de fortes manifestations cénesthésiques envahit la personne, en même temps que devient impossible la parole relationnelle, qui disparaît dans la stridence de la musique. Le spectacle sportif peut aussi être un lieu de fuite. Le spectateur passif perd la possibilité qu'ont les sportifs actifs de sublimer leur agressivité dans le jeu, comme l'enseigne la psychanalyse. On comprend à partir de cette perspective la violence dominicale de certains supporters.

Frankl n'ignore pas ce que le sport peut avoir de sain et de bon, et analyse l'attitude sportive. L'exemple de l'alpinisme est significatif. Ce sport exige une participation active et engage la responsabilité mutuelle, chaque membre de l'équipe appartenant à la même « cordée ». Il permet aussi de vraies réalisations dans les efforts extrêmes qu'il faut fournir et dans le dépassement de fragilités comme le vertige ou la peur.

La rivalité dans le sport conduit souvent à la poursuite effrénée de records, mais cela ne se passe pas ainsi dans l'alpinisme. Dans ce sport et dans d'autres similaires il se produit une forme supérieure de « rivalité avec soi-même ». Frankl était alpiniste et il se sentait plus fier des deux sentiers d'escalade qui portaient son nom que de ses nombreux doctorats *honoris causa.* Courir un marathon ou une autre course qui par sa longueur défie notre condition physique est une manière intéressante d'expérimenter cette rivalité avec soi-même qui aide à l'auto-connaissance corporelle et psychique. Elle est une impulsion vers son propre dépassement, pas seulement dans le domaine sportif; elle aide à atteindre des buts et à ressentir des sentiments de joie et de satisfaction avec son propre corps.

Le cinéma et la télévision, très proches, peuvent aussi jouer un rôle dans la névrose du temps libre. L'art enrichit l'homme, mais dans sa forme névrotique il l'enivre et l'étourdit. Fréquemment, pour fuir le vide existentiel, on met la main sur un thriller policier ou psychologique qui, avec son suspens, procure une grande tension. On recherche en fait la détente qui suit la tension, en tant que plaisir négatif qui naît du fait de se débarrasser de quelque chose de désagréable. Mais le vide existentiel reste immuable, parce que ce qui produit la plénitude de sens est la transcendance et non pas le simple fait de passer par une alternance de tensions et de relâchements.

Selon Frankl, ce qui importe dans la vie, c'est de ne pas se contenter de ce qui a déjà été atteint; la vie, avec ses questions, nous lance des défis. Celui qui est satisfait de lui-même se perd. La vie nous présente chaque jour, à chaque heure, la nécessité de nouvelles actions et ouvre la possibilité de nouvelles expériences.

Le sens de la vie n'est pas une abstraction ou une idée de notre esprit. On n'arrive pas à la plénitude de sens à travers un endoctrinement : il ne suffit pas de penser que ma vie a du sens pour qu'automatiquement elle en ait. La *joie productive* est le sentiment qui s'associe à la réalisation de sens, une joie sereine et constante à l'intérieur des traditionnels aléas et désagréments de la vie humaine.

Nous devons donc apprendre à distinguer la plénitude de sens des sentiments de vide existentiel et démasquer les sentiments de sens « apparent ».

En suivant la logique de la logothérapie, vivre le travail avec du sens est l'antidote contre le burn out. Malheureusement, notre chemin se détourne souvent vers des buts moins ambitieux et nous nous contentons de ce que le psychologue et thérapeute autrichien Längle appelle l'« apparence de sens [21] ».

Nous avons évoqué la distinction novatrice que Frankl faisait en 1946 entre la personne et le travail. Dans le burn out ces deux valeurs se vivent dissociées, l'une étant privilégiée au détriment de l'autre.

Je peux, en essayant de personnaliser ce que je fais, me remplir d'intentions purement personnelles comme réaliser une bonne carrière, me sentir utile et actif, être un modèle pour les autres, etc. Ce ne sont que des intentions centrées

(21) Cf. Alfred Längle, « Burn out. Existential Meaning and Possibilities of Prevention », *European Psychotherapy*, vol. 4, n° 1, 2003, pp. 107-122.

sur moi, qui m'éloignent de la valeur du travail. Il s'agit d'une dissociation avec une primauté de la subjectivité.

Dans le cas contraire, en cherchant à valoriser mon travail et pour éviter toute subjectivité, je me concentre sur ce « quelque chose » dont je suis responsable au détriment de ma personne. On parle alors de dissociation « volontariste », parce qu'elle oblige la personne à être à son travail sans lui donner l'occasion de participer à celui-ci à partir de son centre décisionnel.

Quel est le dénominateur commun des deux dissociations ? La perte de la relation entre la personne et le travail. Längle pense que cela est dû à la défaillance du *consentement intérieur* au sens de la vie qu'offre le travail. Ce consentement existentiel se produit lorsqu'il y a rencontre entre l'être et sa responsabilité. Rabbi Hillel, un savant juif du Ier siècle avant J.-C., disait : « Si je ne le fais pas, moi, qui le fera ? Si je ne le fais pas maintenant, quand ? Et si je le fais seulement pour moi, qui suis-je ? » Rien ne pourra mieux expliquer que ces trois brèves phrases la signification du consentement intérieur.

> « Si je ne le fais pas, moi, qui le fera ? Si je ne le fais pas maintenant, quand ? Et si je le fais seulement pour moi, qui suis-je ? »
> Rabbi Hillel

Toute personne cherche à pourvoir à ses besoins. L'analyse existentielle nous amène à trouver le sens de notre vie au milieu de besoins qui frappent constamment à notre porte. Je fais référence à différents besoins : sécurité matérielle, affective et existentielle, stabilité, être reconnu par les autres, nous donner une image positive de nous-mêmes, etc.

Depuis les nécessités biologiques, comme manger et dormir, jusqu'aux désirs affectifs, comme être reconnu et aimé, ces besoins nous préparent pour trouver le sens mais ils *ne sont pas* encore le sens. Quand ces besoins se déguisent en sens, ils peuvent nous satisfaire pour un temps – un temps alors perdu –, mais ils ne comblent pas le vide existentiel et celui-ci, tôt ou tard, se manifeste. Il s'agit d'une situation précaire, d'un état de faible immunité existentielle car lorsqu'arrive la fatigue propre à tout travail avec son déficit physique et psychologique, il est facile d'entrer dans une situation de burn out.

L'analyse existentielle et la logothérapie voient donc le burn out comme un signal qui nous avertit de ces dissociations. Le burn out serait un malaise qui nous amène à une nouvelle compréhension des valeurs et des motivations qui nous animent. C'est un côté positif du burn out : grâce à lui, la vie nous donne une occasion de la reconsidérer !

Alors qu'il approchait de la fin de sa vie, Rabbi Zousya, un rabbin hassidique du XVIIIe siècle d'Europe centrale, dit à ses disciples :

> « J'ai eu une vision, et dans celle-ci j'ai appris quelle est la question que le tribunal céleste me posera quand il me demandera des comptes sur ma vie. » Les disciples se regardèrent entre eux, déconcertés. Enfin l'un d'eux dit : « Rabbi, vous êtes un homme pieux. Vous êtes un homme généreux et humble, vous avez aidé par votre générosité et votre lucidité beaucoup d'entre nous. Quelle question pourrait vous être posée sur votre vie qui puisse vous préoccuper autant ? »

Rabbi Zousya leva les yeux au ciel : « J'ai appris ce qu'on ne me demandera pas : Pourquoi n'as-tu pas été un Moïse qui a arraché son peuple à l'esclavage ? » Ses disciples insistèrent : « Que vous demandera-t-on alors ? »

Rabbi soupira : « J'ai appris ce qu'on ne me demandera pas : Pourquoi n'as-tu pas été un Josué qui conduisit son peuple vers la Terre promise ? »

L'un de ses disciples, attristé, s'approcha de lui, le regarda fixement dans les yeux et lui demanda : « Que vous demandera-t-il, alors ? »

« Dans le monde qui vient, le tribunal céleste me dira : "Zousya, il y a une seule chose dans le monde qu'aucun pouvoir dans le ciel ou sur la terre ne devrait t'avoir empêché d'être." Il me dira : "Zousya, pourquoi n'as-tu pas été Zousya ?" »

La vie de chaque personne est unique et Frankl l'explique ainsi :

« La responsabilité croît avec le caractère spécifique de la personne et avec le fait que la situation est toujours particulière, unique [22]. »

« Par conséquent, la finitude, la temporalité (en d'autres termes, la mort), est non seulement une caractéristique essentielle de la vie humaine, mais en outre un facteur constitutif du sens même de la vie [23]. »

(22) D'après Viktor FRANKL, *Ärztliche Seelsorge*, op. cit.
(23) *Ibid.*

La conscience d'être responsable « [...] se réveille et augmente, surtout, à partir d'un travail concret et personnel, de ce que l'on appelle une "mission [24]" ».

> Je peux me demander :
> Existe-t-il une harmonie entre mon être et mon travail ? Est-ce que je garde des sentiments d'obligation dans ce que je fais ? Est-ce que je sais faire la distinction entre obligation et responsabilité ?
> À la fin de ma vie, est-ce que j'aurai voulu vivre pour ce que je suis en train de faire aujourd'hui ? Est-ce que j'aurai été ce que personne ne m'aurait empêché d'être ?

Annexe : Le burn out des religieux

Ici je ne fais pas seulement référence aux prêtres et aux religieuses, il existe de nombreuses formes d'engagement total laïc dans les Églises ou dans des organismes et des institutions qui travaillent pour le bien de l'humanité. Mais pour simplifier, dans cette annexe nous utiliserons le terme de religieux ou de vocation.

Les religieux ne vivent pas ce qu'ils font comme un simple travail, toute leur vie est en jeu dans ce qu'ils font. Or, étant donné les caractéristiques de cette activité, on observe chez eux une propension au burn out qui a des conséquences négatives significatives pour leurs institutions, par le départ de ceux qui en sont victimes.

(24) *Ibid.*

Examinons ici les caractéristiques du burn out dans les vocations religieuses.

Du point de vue individuel beaucoup de religieux possèdent des caractéristiques psychologiques qui prédisposent à l'usure professionnelle :

1. Ce sont des personnes idéalistes qui ont une grande sensibilité envers ceux qui ont besoin d'aide et qui écoutent peu leurs propres besoins.

2. Il n'est pas rare de trouver, chez les religieux, des personnalités perfectionnistes qui veulent tout vivre à cent pour cent. Dans les entretiens psychologiques que je mène avec des candidats à l'admission à la vie religieuse, je rencontre fréquemment cette particularité. Il n'est pas surprenant qu'une vocation qui suppose une grande radicalité dans le choix trouve une affinité avec des personnalités de ce genre. Mais cette position existentielle, souvent obsessionnelle, engendre une intense frustration dans la vie quotidienne, qui prédispose au burn out.

3. L'idée que c'est Dieu qui appelle à une vocation religieuse suggère au religieux une sorte d'obligation existentielle (qui peut dire non à Dieu ?) proche quelquefois du fatalisme. La formation devient alors un processus instrumental afin de se fortifier dans la lutte pour réaliser ce défi « externe ». Un jeune prêtre qui souhaitait quitter le ministère me partageait : « Au séminaire nous avions une seule idée : devenir prêtres, c'était là notre seul but, et ceux qui abandonnaient étaient considérés comme des ratés. »

4. Les religieux ressentent l'obligation de travailler durement et avec un grand dévouement, avec le sentiment de culpabilité qui en résulte quand ce but n'est pas atteint.

« Si on te demande de faire quelque chose, Dieu te donnera la grâce pour le faire. » Cette idée fréquente au sein des religieux réduit la possibilité de dialogue à propos du travail et de la capacité à le réaliser entre le supérieur hiérarchique qui donne une lettre de mission et celui qui l'accepte.

5. Le choix du célibat peut être motivé par des éléments narcissiques non reconnus et mener à une vie affective pauvre, avec l'isolement qui en découle. Au contraire, certains consacrés vivent des relations sentimentales intenses et explosives, soit dans leur imaginaire intérieur, soit dans la vie réelle. Les deux situations produisent un déséquilibre qui prédispose au burn out.

Quant aux éléments institutionnels évoqués dans le premier chapitre, qui rendent possible le burn out, on les retrouve facilement dans les organisations religieuses.

Les religieux sont souvent surchargés de travail. Je me souviens d'une sœur âgée qui me confiait que quand elle avait demandé à sa supérieure de réduire son travail pour des raisons physiques et psychiques, celle-ci l'avait envoyée dans une clinique pour se soigner au lieu de considérer paisiblement sa demande.

Souvent les institutions religieuses doivent répondre aux demandes pastorales, à l'entretien des structures avec les seules ressources humaines dont elles disposent. Elles affrontent donc la demande dans l'urgence et sans programmation, ce qui empêche leurs membres d'avoir un contrôle sur leur propre travail.

Il existe souvent par ailleurs un individualisme pastoral qui limite la communication interne. En conséquence, les jeunes frères ou sœurs reçoivent peu de soutien, on n'arrive pas à des accords sur la gestion de l'organisation, les décisions se prennent lentement, etc. On comprend que certaines institutions soient sur le point de ne plus pouvoir fonctionner. De nombreux jeunes religieux se plaignent que, dans leur formation, ils n'aient pas obtenu les nécessaires compétences pour affronter le type d'activités qu'aujourd'hui on leur demande d'assumer.

Dans un monde qui se sécularise rapidement l'identité même du religieux et le sens de sa vie deviennent pour lui une énigme.

C'est pour toutes ces raisons que le syndrome du burn out touche la vie religieuse.

Études sur une population déterminée

Certaines institutions ont enquêté, en se servant du test de Maslach que nous avons utilisé dans le premier chapitre, sur l'état d'épuisement de leurs membres. Ces études qui requièrent le courage d'affronter la réalité objective et quantifiable mettent au jour des problématiques difficiles à résoudre dans l'immédiat, comme le montrent deux d'entre elles, l'une réalisée à Santiago du Chili [25], et l'autre dans le diocèse de Padoue en Italie.

Dans la première, sur un échantillon de 127 prêtres, 45 % des personnes interrogées présentent une probabilité certaine de développer le syndrome. Le pourcentage de personnes

(25) Cf. Miranda Hirat, Romero Ocampo, *Burn out en los sacerdotes de Santiago,* 2004, obtenu le 12 décembre 2010 sur www.cisoc.cl/html/agosto4.doc.

touchées par le burn out y est plus élevé que dans des enquêtes réalisées sur des groupes de policiers ou de médecins en Espagne, et sur des professeurs de l'enseignement secondaire et des travailleurs de santé mentale aux États-Unis. Quand on analyse la composition du groupe, on trouve que le plus grand risque est présent chez des prêtres qui ont entre 40 et 49 ans, chez ceux qui viennent de l'étranger, davantage chez les prêtres en communauté en ce qui concerne les diocèses, et chez ceux qui sont curés à temps plein.

La seconde étude [26] a concerné 321 prêtres diocésains de Padoue, en Italie : 124 ecclésiastiques souffrent du syndrome et requièrent des soins. C'est un chiffre élevé, plus d'un tiers de la population étudiée.

Ces études indiquent l'importance du problème. Il devient urgent de mettre en place, dans ces institutions, quelques outils préventifs que nous énumérons ci-après :

1. Promouvoir au sein de l'institution le soin de ses membres à travers des activités de prière, de récréation, de formation continue, de psychothérapie et d'accompagnement personnalisé quand ce sera nécessaire.

2. Accroître dans le cadre institutionnel les groupes de soutien : ce sont des groupes d'aide avec des réunions périodiques, spécialement parmi les membres qui, dans leurs tâches, se trouvent exposés à des situations de stress relationnel et à des personnes dans des situations d'extrême dénuement. Ils peuvent être supervisés par des professionnels qui n'appartiennent pas à la communauté.

---

(26) Cf. Giandomenico Mucci, « Il burn out tra i preti », *La Civiltà Cattolica,* 158/III, 2007, pp. 473-479.

3. Définir des objectifs clairs, réalistes, et partagés par tous les membres de la communauté.

4. Conseiller la recherche de réponses originales face aux changements culturels.

5. Mettre en place des programmes de formation et de développement en vue d'optimiser les compétences relationnelles des religieux (des ateliers de communication, par exemple).

6. Vérifier que les compétences professionnelles des membres sont appropriées au travail que chacun d'eux réalise. Amedeo Cencini, spécialiste italien de la vie religieuse, propose avec force : « formation permanente ou frustration permanente [27] ». Rendre possible un travail ou le permettre de manière différenciée et personnalisée.

7. Informer les religieux sur les problématiques du burn out et offrir des contrôles périodiques avec des professionnels compétents.

8. Promouvoir de courtes retraites, des vacances, des réunions de formation permanente, des excursions, etc., qui améliorent les relations interpersonnelles entre les membres des communautés.

Nous pourrions conclure notre travail sur ces « saines » recommandations. Mais notre méthodologie, comme l'aura déjà deviné le lecteur, c'est d'aller du phénomène à ses causes. L'expérience religieuse, sur la base de sa constitution comme relation avec l'Être transcendant, Dieu, nous oblige

(27) Cf. Amedeo Cencini, *Formazione permanente,* EDB, Bologne 2011.

à parcourir des chemins non empruntés par la psychologie et la sociologie. La vie religieuse semble n'avoir le choix qu'entre passion et déconvenue, et nous impose des questions plus profondes, plus difficiles, et espérons-le, plus révélatrices. Par exemple :

Dieu peut-il vouloir ou permettre un syndrome dépressif chez une personne qui a consacré sa vie à son service ?

L'option du célibat peut-elle mener à une pratique affective d'origine narcissique et provoquer une vie affectivement pauvre jusqu'à aboutir au burn out ?

Certains consacrés sont épuisés émotionnellement et isolés dans leurs relations personnelles, incapables de s'ouvrir à leurs propres sentiments. Pour cette raison, sourds à leur propre vie sentimentale, ils ne peuvent fonctionner dans les relations interpersonnelles qu'à partir d'une posture figée sur leur fonction et leur rôle prédéterminé. Dans ces conditions, comment surmonter ce « péché d'origine narcissique » pour vivre une véritable transcendance dans la vie religieuse ?

Ces questions accompagnent mon travail de médecin psychiatre depuis que je me suis consacré à soigner des religieux. C'est pourquoi j'ose les exposer sans pudeur et offrir, dans ce qui suit, quelques pistes laborieusement élaborées pendant vingt ans de pratique d'accompagnement.

En surmontant les réductionnismes

Dans son œuvre *De la Trinité,* saint Augustin aborde avec un art accompli de la narration des thèmes très actuels : la pluricausalité de la maladie, la relation médecinepsychologie, la fatigue comme source d'un épuisement général et la relation entre la maladie et la volonté de Dieu. Non sans humour, il présente un vieux problème médical : l'incapacité proverbiale des médecins à se mettre d'accord entre collègues. Lisons ce récit :

> Supposons donc un sage dont l'âme raisonnable participe déjà à l'immuable et éternelle vérité et la consulte pour toutes ses actions, et ne fait que ce qu'il voit en elle comme devant être fait, de sorte que, en s'y soumettant et en lui obéissant, il agit correctement. Supposons encore qu'il ait consulté les plus hauts principes de la justice divine qu'il écoute dans le secret de son cœur et qu'à son commandement il mette son corps au service de quelque œuvre de miséricorde et que sa santé se dégrade; qu'il consulte alors les médecins et que l'un d'eux lui dise que la sécheresse de son corps est la cause de sa maladie, tandis que l'autre affirme que la cause en est dans un excès d'humeurs. L'un d'eux a donné la bonne cause, l'autre s'est trompé, reste cependant que les deux ne se sont prononcés que sur les causes immédiates, c'est-à-dire corporelles. Si le médecin recherche la raison de la sécheresse du corps et la trouve dans le surmenage volontaire, alors il a atteint la cause supérieure de la maladie qui opère à partir de l'âme pour affecter le corps qu'elle gouverne. Mais même elle n'est pas la cause première. Sans aucun doute, la cause première ou ultime était dans cette sagesse immuable que l'âme de cet homme sage sert dans la charité et dans l'obéissance à celui dont le commandement ineffable l'a conduit à se

charger volontairement de cette œuvre. Ainsi est-ce dans la volonté de Dieu que l'on doit véritablement placer la cause première de la maladie [28].

Viktor Frankl, quelque seize siècles plus tard, est en accord avec saint Augustin. Pour Frankl il existe deux lois de la tridimensionnalité de l'être, la première étant qu'« un même et unique phénomène projeté en dehors de sa propre dimension sur d'autres dimensions, inférieures à la sienne, se décrit de telle façon que ses représentations individuelles se contredisent les unes les autres », et la seconde que « des phénomènes différents projetés en dehors de leur propre dimension dans une dimension inférieure à la leur sont dépeints de telle manière que leurs représentations sont ambiguës [29] ». Que les réductionnismes soient biologiques, psychologiques ou sociologiques, ils peuvent interpréter un même symptôme de différentes manières, comme cela se produit avec le sage de saint Augustin. Une dépression sera vue par certains comme une douleur profonde, par d'autres comme un trouble biochimique des neurotransmetteurs, et on pourra aussi faire valoir, à juste titre, que c'est une simple conséquence d'une situation socioculturelle défavorable.

Par ailleurs le réductionnisme met sur le même plan les personnes qui souffrent d'un même symptôme. Ainsi le

(28) Saint AUGUSTIN, *La Trinité,* livre III, 8, in *Œuvres, III, Philosophie, catéchèse, polémique,* Gallimard, coll. « Bibliothèque de la Pléiade », Paris 2002, pp. 338-339.
(29) Viktor FRANKL, *Nos raisons de vivre. À l'école du sens de la vie,* Interéditions, Paris 2009, pp. 21-22.

phénomène d'insomnie sera-t-il pour le médecin exactement identique chez un patient qui a un problème d'anxiété, chez un autre atteint d'une tumeur qui sécrète de l'adrénaline et chez un troisième en proie à un conflit d'ordre moral.

Dans l'exemple augustinien nous voyons comment les médecins, ne prêtant attention qu'à la dimension corporelle, ont débattu de la cause de l'épuisement sans comprendre qu'il s'agissait, en outre, d'un sage qui a offert son corps à la fatigue volontaire, dans une œuvre de miséricorde à partir de l'écoute de la volonté de Dieu. Et avec ce regard réducteur on risque de conclure que tous les épuisements sont les mêmes, l'épuisement de notre sage aussi bien que celui d'un cocaïnomane qui passe ses nuits à des jeux de hasard. Dans l'obscurité de la non-identification des dimensions, « tous les chats sont gris ». Il semble évident qu'uniformiser ainsi les patients réduit les possibilités d'un traitement efficace. L'action médicale a besoin de différencier pour offrir une aide appropriée à chaque cas. « Le médecin qui a traité deux névrosés de la même manière s'est trompé au moins avec l'un d'eux », faisait remarquer Karl Jaspers.

Appliquons ces considérations à la première phase du burn out, que Maslach appelle la phase de l'idéalisme. Dans la vie des religieux cette étape coïncide avec les premières années de l'appel à la vocation. L'histoire du sage de saint Augustin révèle que la cause de l'enthousiasme initial qui l'a mené à « fatiguer son corps au travail » et à répondre de façon radicale à sa vocation, pourrait se trouver dans les différentes dimensions de l'être, et qu'il ne convient pas d'écarter a priori la dimension spirituelle. L'enthousiasme originel et idéalisant du dévouement vocationnel peut être le fruit d'un caractère narcissique avec sa vision omnipotente, « mêlé » à une grâce initiale qui accompagne l'appel de Dieu. Les deux forces, pulsion inconsciente narcissique et grâce de Dieu, peuvent contribuer au phénomène d'enthousiasme dans des proportions difficiles à établir. Les crises existentielles, que connaissent presque toutes les personnes qui affrontent la vie sérieusement, avec honnêteté et cohérence, peuvent être vues comme des moments de purification, et les sages deviennent plus sages quand l'oreille attentive à la loi immuable est libérée de tout bourdonnement narcissique. L'absence de ces crises chez les religieux, loin d'indiquer une quelconque solidité, pourrait être due à l'obsession narcissique qui cause une « surdité existentielle » constitutive et permanente.

Accompagner un religieux atteint de burn out dans les différentes phases de démantèlement de l'énergie vitale requiert un regard inclusif qui évitera les réductionnismes et permettra de comprendre la personne dans toutes ses dimensions. Mais chez les religieux et dans leurs institutions il y a toujours le risque du spiritualisme, la forme spirituelle du réductionnisme, qui ignore l'offre effective de la science pharmacologique et psychothérapeutique en termes de soins pour leurs membres qui en auraient besoin.

D'autre part, l'enthousiasme non critique de quelques religieux pour la psychologie peut générer d'autres réductionnismes. L'expérience indique que celui qui regarde la personne dans son intégralité peut offrir des outils et des savoirs humains avec l'humilité et le respect de celui qui est conscient des limites de sa propre ressource; cela doit nous inciter à profiter de toutes les possibilités qu'offrent différents professionnels et les différentes sciences.

Un autre élément qui surgit du récit de saint Augustin est l'argument controversé du *sacrifice*. L'appel au sacrifice a perdu de sa valeur dans notre culture et même parmi les religieux. On soupçonne que derrière l'idée de sacrifice se logent des pulsions masochistes inconscientes qui mènent à des attitudes serviles. Pour sortir de ce psychologisme il faut découvrir la valeur relationnelle profonde que possède le sacrifice. Viktor Frankl, juif pieux issu d'une tradition dans laquelle le sacrifice a été et est un outil dans la relation entre l'homme et Dieu, écrit ceci :

> Les choses, alors, sont relatives, dans un sens différent de ce qui est proposé par le relativisme : elles sont en relation avec ce qui ne peut être mis en relation : le système référentiel des valeurs c'est Dieu. D'où le fait que Dieu ne puisse être une grandeur de quelque ordre que ce soit, pas même une grandeur infinie, mais l'ordre même des grandeurs. [...] Les choses possèdent une valeur et un sens dans la mesure où cette valeur et ce sens peuvent se sacrifier au nom de quelqu'un : c'est en cela que consiste l'authentique relativité des valeurs.
> En un mot, et même si cela semble un paradoxe : les choses ne valent que pour être sacrifiées. Le sens sacrificiel représente la véritable valeur des choses. Et ce qui détermine en dernier ressort le prix d'une chose c'est son possible destin pour quelque chose de

> supérieur ; en définitive, pour le principe suprême : « pour la plus grande gloire de Dieu » [30].

La logothérapie permet de tirer un autre enseignement du récit augustinien : l'épuisement est une valeur si elle est en relation avec la valeur suprême, Dieu. Le discernement que nous devons avoir sur le burn out parmi les religieux consiste à distinguer, dans cet épuisement, tout ce qui est ordonné à Dieu et ce qui est le résultat de nos carences inconscientes, conduisant à un activisme pastoral. Ce n'est que dans le premier cas que la fatigue acquiert une valeur.

Vocation religieuse, vocation à l'amour

Pour Vladimir Soloviev, écrivain russe prolifique de la fin du XIXe siècle, l'union humano-divine se fait dans l'amour et dans l'art. *Le Sens de l'amour,* ouvrage que l'auteur a écrit à la fin de sa vie, est considéré par beaucoup comme à l'origine du courant philosophique personnaliste. L'extrait qui suit nous sera utile pour réfléchir sur la relation entre le célibat dans la vie religieuse et le narcissisme. L'amour est une merveille qui nous libère de l'égoïsme. Cet amour qui comprend toute la réalité humaine inclut la dimension érotico-sexuelle :

> Il n'est qu'une force qui puisse extirper l'égoïsme de l'intérieur, jusqu'à la racine, et qui le fasse effectivement : c'est l'amour, et surtout l'amour sexuel. Le

(30) D'après Viktor Frankl, *Der leidende Mensch. Anthropologische Grundlagen der Psychotherapie,* Hans Huber, Berne1975, rééd. 2005.

mensonge et le mal de l'égoïsme consistent en ce qu'il ne reconnaît qu'à soi-même une importance absolue, et qu'il la nie chez autrui. La raison nous montre que ce n'est ni fondé ni juste, et l'amour exclut franchement et effectivement une attitude aussi injuste, nous contraignant à reconnaître l'importance absolue qu'autrui revêt pour nous, et ce non pas dans notre conscience abstraite, mais par un sentiment intérieur et avec une volonté vivante. En connaissant dans l'amour la vérité d'autrui, non pas abstraitement, mais essentiellement, en transférant de fait le centre de notre vie hors des limites de notre individualité empirique, nous manifestons par là même et réalisons notre vérité propre, notre signification absolue, laquelle consiste justement à pouvoir dépasser les limites de notre être phénoménal effectif, à pouvoir vivre non seulement en soi, mais en autrui [31].

Dans ce même ouvrage Soloviev s'interroge sur le célibat consacré : le fait qu'il manque aux religieux la force amoureuse sexuelle qui décentre de soi n'alimenterait-il pas en eux une sorte d'égoïsme narcissique? Cette situation pourrait expliquer l'individualisme existant dans les communautés. Dans les communautés masculines il s'exprime souvent dans un agir autonome tandis que se maintiennent des relations cordiales et respectueuses. Dans les communautés féminines il se manifeste plutôt dans des relations communautaires de

(31) Vladimir Soloviev, *Le Sens de l'amour*, O.E.I.L., Paris 1985, pp. 39-40.

compétitivité et de jalousie. Cet individualisme masculin comme féminin affaiblit les relations interpersonnelles et prédispose les membres d'une congrégation au burn out.

Il est important de souligner que le narcissisme en psychologie ne représente pas uniquement un trouble, mais renvoie aussi à des aspects sains de la personne. En ce sens c'est une source d'estime de soi et d'affirmation nécessaire à un bon fonctionnement, et dans des situations favorables il provoque le développement de capacités exceptionnelles comme le charisme, le leadership, la créativité, l'humour et la sagesse. Mais quand il engendre une réversion de l'affectivité vers sa propre individualité, justement dans un mouvement contraire à l'amour décrit par Soloviev, il produit des besoins négatifs que la psychopathologie décrit en termes châtiés comme des « caractéristiques de la personnalité narcissique ». Cela recouvre le désir que l'on a d'être considéré par les autres comme spécial, avec de fait la certitude éhontée de l'être, le besoin d'être admiré avec des tendances exhibitionnistes et une extravagance présomptueuse dans la manière de se présenter, d'agir et de s'habiller. Dans le cadre des relations interpersonnelles, les narcissiques ont des difficultés à comprendre les autres et leurs relations sont très inconstantes. Leur mode d'activité repose sur une alternance de périodes d'enthousiasme suivies de moments de démotivation dominés par l'ennui et l'apathie. Il s'agit évidemment de traits qui avec le temps provoquent de la frustration personnelle et communautaire, et poussent au burn out ceux qui côtoient de telles personnalités. Il n'est malheureusement pas rare de trouver ce type de dérèglement parmi des personnes consacrées.

Nécessité d'un discernement

Nous avons déjà dit que le vide existentiel se manifeste comme une perte d'intérêt qui peut conduire à un état d'ennui apathique et à un manque d'initiative. Il s'accompagne d'un profond sentiment d'absence de sens. Le vide existentiel n'est pas causé par la maladie mais il peut la provoquer quand on l'affronte avec peu de discernement.

Nous avons également indiqué que l'analyse existentielle nous montre la nécessité d'un discernement : la vocation est constituée de deux éléments : une intention subjective (objectifs personnels) et une motivation objective (envers des personnes et des tâches). Dans l'état amoureux le pôle subjectif correspond aux sentiments et affections de l'amoureux, et la motivation objective est la personne dont on est tombé amoureux. Quand ces éléments se dissocient, il se produit un « dévouement apparent » et avec lui le risque d'usure.

Aussi convient-il pour prévenir le burn out parmi les religieux de répéter des questions qui, même si elles mettent mal à l'aise, ne doivent pas être éludées. Pourquoi est-ce que je fais cela? Est-ce que j'aime faire cela? Est-ce que je ressens que c'est bon? Est-ce que je veux vivre pour cela? Est-ce que je voudrais avoir vécu pour cela?

Pour prévenir les burn out de leurs membres les institutions ecclésiales sont donc invitées non seulement à prendre en compte les problèmes physiques et psychologiques mais aussi à chercher en profondeur les raisons de cette crise grâce à une « sagesse religieuse » bimillénaire.

Chapitre 3

LE MILIEU DU TRAVAIL
LES RELATIONS DE COMMUNION, MÉDECINE POUR LE BURN OUT

« Toute vie véritable est rencontre. »
Martin Buber

Assainir l'atmosphère de travail. Les relations compliquées entre collègues

Précédemment nous avons constaté que les institutions peuvent avoir des formes d'organisation inadaptées ou même injustes qui usent peu à peu les personnes au-delà de ce qu'elles peuvent supporter. Même des personnes fortes psychologiquement peuvent être atteintes. D'où l'importance pour l'institution de se remettre en cause et de prendre des mesures rapides pour y remédier. Elle ne peut s'y soustraire.

Mais je constate aussi dans mon cabinet que la majorité des personnes atteintes de burn out se plaignent moins de l'organisation institutionnelle que d'une très mauvaise ambiance de travail. C'est-à-dire que l'on souffre des épineuses relations quotidiennes entre collègues qui partagent leur lieu de travail. Alors, la lutte intérieure que Soloviev a remise en question dans le chapitre précédent, égoïsme *versus* amour, devient une bataille rangée. L'amour, qui implique un certain oubli de soi, se traduit en intérêt pour l'autre, solidarité, aide concrète, etc. À l'opposé, l'égoïsme autoréférentiel se manifeste sous forme d'individualisme, de carriérisme, de compétitivité, d'envie, de critiques acérées et calomnieuses, de méfiance, de fatuité, d'autoritarisme. Les outils de la psychologie cognitive et du travail que nous avons présentés succinctement dans le premier chapitre ne seront d'aucune utilité s'il ne se produit pas un changement d'attitude pour instaurer des relations de communion entre collègues.

La communion est à l'esprit ce que la communication est au psychisme. On arrive à la communion avec ce que Frankl appelait « la force indomptée de l'esprit ». C'est à travers ce que nous pourrions appeler en langage moderne une *spiritualité* qu'on peut restaurer une bonne atmosphère de travail.

> La communion est à l'esprit ce que la communication est au psychisme.

Développons ces concepts et commençons d'abord par quelques questions. Si nous disons que la communion est différente de la communication et possède une qualité supérieure, nous sommes fondés à nous demander ce qu'est la communion. Si ce n'est pas uniquement une bonne communication, un état d'ouverture amicale, une simple tolérance qui ne demande pas de s'impliquer envers l'autre, une « bonne ambiance », quelles sont alors ses caractéristiques? Est-ce que l'être spirituel dont parle la logothérapie prépare les individus à la communion entre personnes (et je ne fais pas seulement référence à celle qui se crée dans l'amour conjugal entre l'homme et la femme)? Avons-nous besoin d'une orientation et d'une pratique précises pour atteindre cette capacité à susciter de la communion? Ou s'agit-il de qualités naturelles que tout le monde possède? Autant de questions pertinentes qui orientent la réflexion.

Voyons ensemble la première interrogation. Avec un regard phénoménologique qui cherche à atteindre l'essence des choses, nous pouvons définir la communion comme la rencontre humaine dans laquelle ceux qui interagissent s'offrent avec leur propre conscience responsable et leur confiance. Chacun devient responsable de l'autre et espère, avec confiance, retrouver la même attitude chez autrui. Et dans un deuxième temps, qui suit presque immédiatement le premier, la communion devient le point de départ d'une activité d'aide concrète et réciproque, librement choisie, constituée de paroles et d'actes qui soutiennent et dynamisent les personnes dans leur unité et leur communion.

Examinons les termes de cette définition. La substance de la communion est la rencontre humaine. À quoi faisons-nous référence avec cette expression ? La rencontre humaine sur laquelle se fonde la relation de communion n'est pas n'importe quelle rencontre, comme celle que l'on peut avoir avec quelqu'un lorsqu'on marche dans la rue ou qu'on remplit une formalité administrative. La rencontre nous incite à faire partie de l'autre, c'est-à-dire à *participer à* et *de* la vie de l'autre.

Adrian van Kaam, psychologue existentialiste et prêtre hollandais, en donne un exemple :

> La rencontre humaine peut survenir d'un moment à l'autre comme un cadeau inespéré de la vie quotidienne. Par exemple, assis dans un bar, nous échangeons les phrases que l'on utilise toujours dans des rencontres fortuites. Mais tout à coup, l'autre me parle de la maladie d'un proche, de la perte d'un

> ami, d'une triste expérience vécue dans la journée. Quelque chose dans sa communication me touche et devient une invitation à mon égard. Cela m'amène à lui donner une réponse qui ira au-delà du formel ou de l'accidentel. C'est comme si l'autre avait retiré pour un moment son masque social et m'invitait à entrer dans le sanctuaire de sa vie intérieure. Moi je réponds en retirant aussi mon masque. Quelque chose mûrit en nous et nous sentons une réalité nouvelle que l'on expérimente avec force [32].

C'est pourquoi le sourire formel, le salut respectueux, la tolérance patiente face aux erreurs des autres, etc., ne suffisent pas, bien qu'ils soient sans doute des éléments de base nécessaires pour construire une rencontre, car ce sont des besoins sociaux légitimes. Mais dans la rencontre humaine ces gestes personnels deviennent réciproques : quelqu'un offre et un autre accueille dans une continuelle réciprocité. Van Kaam poursuit :

> Parfois un simple croisement de regards, un service rendu d'une manière particulière, un mot, le changement dans le ton de la voix, ou le geste d'une main, sont suffisants pour évoquer l'expérience de cette communion cachée d'intérêt mutuel entre les personnes. Elles découvrent réciproquement,

(32) D'après Adrian VAN KAAM, *The Art of Existential Counseling*, Wilkes-Barre (Pennsylvania) 1966.

réellement et profondément, leur propre personnalité à travers et dans ces mêmes mots et gestes [33].

Comme nous l'avons dit, la communion est la rencontre humaine dans laquelle ceux qui interagissent s'offrent avec leur propre conscience responsable et leur confiance. Nous avons déjà parlé de la conscience responsable à propos de la logothérapie. Quant à la confiance, elle signifie reconnaissance de la valeur de l'autre et de ses capacités. Le philosophe Gabriel Marcel affirme qu'aimer l'autre signifie attendre de lui quelque chose de nouveau et d'imprévisible. Ce qui est nouveau et imprévisible est en outre vrai, bon et beau. Par conséquent, la confiance génère l'attitude d'ouverture positive de celui qui espère chez l'autre un développement vers son propre sens. Emmanuel Kant propose avec force de voir en nos semblables des fins et pas des moyens. Avec la logothérapie non seulement nous comprenons que celui qui est à nos côtés est sens (une fin) pour nous, mais que lui aussi a un sens pour lui-même, sens que nous devons accepter en confiance, car nous ne pouvons pas le connaître exactement.

Alors, si les rencontres peuvent se faire naturellement et se défaire tout aussi facilement, elles peuvent aussi se cultiver ou se tisser avec patience, comme le ferait un artisan, sur ce métier à tisser intérieur qu'est notre esprit. La logothérapie, nous l'avons vu dans le chapitre précédent, nous dit qu'être une personne veut dire être essentiellement autotranscendant à quelque chose, valeur ou travail, ou à

(33) *Ibid.*

quelqu'un à travers l'amour. Nous sommes naturellement préparés pour la rencontre humaine par le seul fait d'être des personnes; notre essence spirituelle est ouverte au monde des autres. C'est d'ailleurs une expérience que nous faisons tous et qui confirme empiriquement ce que nous disons.

Certes, le lecteur attentif aux réalités sociales, environnementales et politiques du monde, et aux vicissitudes dans son milieu de travail, me taxera de naïf. Je ne le lui reprocherai pas, l'auto-transcendance réciproque ressemble effectivement à une cantate dont nous aurions perdu la partition dans ce monde depuis déjà longtemps. Mais, si on oppose à cette réalité les enseignements de la logothérapie, on conclura que l'auto-transcendance réciproque est une qualité naturelle de l'homme qui peut s'assombrir pour des motifs culturels et personnels, et c'est pourquoi elle requiert attention et exercice pour se développer et se manifester pleinement.

De façon analogue, l'ouverture spirituelle est une dimension humaine présente chez tous les hommes et toutes les femmes comme les muscles du corps, et comme les muscles, elle se développe grâce à un entraînement spécifique.

Dans son livre le plus connu, *L'Art d'aimer* [34], le psychanalyste allemand Erich Fromm affirme que l'amour ne vient pas par hasard, parce qu'on a eu la chance de rencontrer la bonne personne; mais c'est plutôt un art, une capacité qui requiert des connaissances et une pratique qui exige de l'effort. Si nous imaginons bien quels efforts ont dû fournir

(34) Erich Fromm, *L'Art d'aimer*, Desclée de Brouwer, Paris 2007.

ceux qui ont vécu en étant ouverts aux autres, nous sommes cependant moins informés sur les connaissances requises pour que l'esprit s'ouvre à la transcendance de l'amour.

En résumé, la capacité d'aimer peut se développer et se cultiver au moyen d'exercices et de connaissances. Ces savoirs et l'effort pour vivre *l'art de l'amour* constituent ce qu'en langage moderne nous pourrions appeler une *spiritualité.* Dans les années 1960, il ne serait pas venu à l'idée d'Erich Fromm de parler de spiritualité, mais prophétiquement ce psychanalyste non croyant achève son livre par une magnifique profession de foi sur la nature de l'homme que peuvent partager, à mon sens, les « bons » croyants et les « non moins bons » non-croyants. Fromm conclut ainsi son livre : « La foi dans la possibilité de l'amour comme phénomène social, et non comme phénomène individuel d'exception, est une foi rationnelle qui se fonde sur l'intuition de la véritable nature de l'homme [35]. » Aimer fait partie de notre nature mais : « Pour aimer, nous devons nous tenir dans un état d'éveil intense, de puissante vitalité, qui implique nécessairement une orientation productive et active en de nombreuses sphères de la vie [36]. » Par conséquent l'amour n'est pas réduit au cadre familial ou au cercle des amis, mais s'étend aux personnes rencontrées dans le travail ou ailleurs.

De nos jours, la spiritualité a cessé d'être enfermée dans le cadre des religions et des monastères pour se propager sans distinction parmi les laïcs et les religieux, les athées et les

(35) *Ibid.*, p. 153.
(36) *Ibid.*, p. 149.

croyants. Par exemple, la relation entre spiritualité et santé, tant physique que psychique, est en train de devenir un centre d'intérêt chez les médecins puisque l'interaction entre les deux sphères est indéniablement positive dans la prévention et la guérison de maladies [37].

Du point de vue médical on définit la spiritualité comme ce par quoi on trouve sens, espoir, force, soulagement et paix intérieure dans la vie avec des effets bénéfiques pour la santé. Les médecins sont devenus attentifs à la pratique religieuse de leurs patients, à leurs valeurs et à leurs principes, ou à leurs centres d'intérêt, que ce soit la musique, l'art ou l'amour de la nature.

Dans ces études la spiritualité reste limitée au cadre privé. C'est une découverte individuelle, un chemin à parcourir dans la solitude. Elle fonctionne souvent comme un refuge pour fuir la rencontre humaine. Dans un livre d'un maître spirituel populaire en Argentine, l'auteur raconte que pendant qu'il parlait à un disciple qui lui faisait part de ses sentiments les plus profonds, il a dû l'interrompre (et le laisser seul), parce que dans un arbre il a entendu chanter un oiseau qui lui rappelait des souvenirs de son enfance. La forte introspection à laquelle ce souvenir l'a amené l'a empêché de poursuivre avec attention la discussion et la communion avec l'autre. Cette anecdote montre comment une spiritualité personnelle,

---

(37) Cf. Gowri Anandarajah et Ellen Hight, « Spirituality and Medical Practice : Using the HOPE Questions as a Practical Tool for Spiritual Assessment », *American Family Physician* 63/1, janvier 2001, pp. 81-88.

indubitablement positive, ne contribue pas toujours à la rencontre entre des personnes.

Connaissez-vous cette blague? Question : « Connais-tu la définition d'une sainte religieuse? » Réponse : « C'est celle qui fait toujours la volonté de Dieu et qui suit les règles de l'Église et de sa communauté. » Question : « Et connais-tu la définition d'une religieuse martyre? » Réponse : « C'est celle qui vit avec la sainte religieuse! »

> La spiritualité est l'ensemble des connaissances et des efforts qui nous mènent à la transcendance.

Une spiritualité individualiste ne suffit pas. Il faut promouvoir une spiritualité de communion et cette spiritualité est aussi plus que nécessaire au sein de l'Église catholique. Comment Jean-Paul II définissait-il la spiritualité de communion?

> Une spiritualité de la communion est aussi la capacité de voir surtout ce qu'il y a de positif dans l'autre, pour l'accueillir et le valoriser comme un don de Dieu : un « don pour moi », et pas seulement pour le frère qui l'a directement reçu. Une spiritualité de la communion, c'est enfin savoir « donner une place » à son frère, en portant « les fardeaux les uns des autres » (Ga 6,2) et en repoussant les tentations égoïstes qui continuellement nous tendent des pièges et qui provoquent compétition, carriérisme, défiance, jalousies. Ne nous faisons pas d'illusions : sans ce cheminement spirituel, les moyens extérieurs de la communion serviraient à bien peu de chose. Ils deviendraient des façades sans

âme, des masques de communion plus que ses expressions et ses chemins de croissance [38].

La lettre du pape propose des éléments positifs pour cultiver une spiritualité interpersonnelle, et en désigne d'autres, négatifs, à rejeter et à combattre. Nous connaissons bien ces derniers, ils représentent ce dur pain quotidien sur lequel nous nous cassons les dents dans bon nombre de milieux professionnels ; et c'est pour cela que je considère qu'il est important de les analyser. Ils sont clairement définis dans le texte du pape comme « les tentations égoïstes qui continuellement nous tendent des pièges et qui provoquent compétition, carriérisme, défiance, jalousies ».

Des maîtres de la spiritualité de l'Antiquité et du Moyen Âge ont appelé *vices* ces éléments négatifs, et dans la littérature abondent les « catalogues » écrits par des auteurs renommés [39]. Certaines anciennes descriptions de défauts sont d'une actualité incroyable. Les vices ont été transmis et pratiqués à travers les générations, et sont en excellente santé ! Ce ne sont pas des espèces en voie d'extinction d'un monde disparu ! D'autre part les listes se sont peu à peu enrichies avec la transformation de certains vices, ce qui a donné lieu à des « catalogues contemporains » qui valent la peine d'être mentionnés. De fait, la littérature

(38) Jean-Paul II, Lettre apostolique *Novo millennio ineunte,* 2001, n° 43.
(39) Par exemple : Évagre le Pontique, *Des huit esprits de malice;* Thomas d'Aquin, *Somme théologique,* Ia IIae (vertus, vices et devoirs).

contemporaine renouvelle son analyse à partir du cadre religieux, laïc et philosophique [40].

Dans une optique de recherche de communion, il est utile d'analyser ces défauts parce que ce sont des défauts relationnels, qui par conséquent nuisent à l'essence de la rencontre humaine. Nous limiterons notre étude à deux « vices » qui polluent l'ambiance de travail : l'orgueil et la jalousie. Nous verrons comment un espace de relation peut se voir gâché par ces deux attitudes irrationnelles, et comment celui qui vit au quotidien dans cette ambiance empoisonnée finit par succomber au burn out.

Orgueil et jalousie, le goût amer de nos relations de travail

Deux précisions sont nécessaires avant tout. En premier lieu il ne faut pas confondre l'orgueil avec le désir de réaliser de grandes choses. Pour saint Thomas la vertu de magnanimité consiste à avoir la force d'âme pour entreprendre et réaliser de grandes choses, l'homme et la femme vertueux agissent ainsi car c'est un signe de leur noblesse. En second lieu, la rencontre humaine peut légitimement se produire de manière asymétrique, comme par exemple celle d'un père avec son fils, d'une maîtresse avec son élève ou d'un conseiller avec la personne aidée.

(40) Par exemple : Umberto GALIMBERTI, *I vizi capitali e i nuovi vizi,* Feltrinelli, Milan 2003 ; Gianfranco RAVASI, *Le porte del peccato,* Mondadori, Milan 2007 et en langue espagnole : Fernando SAVATER, *Los siete pecados capitales,* Debolsillo, Buenos Aires 2005.

Le sentiment de supériorité peut être légitime dans une relation qui par sa structure fonctionnelle sera verticale.

Le problème de l'orgueilleux, c'est qu'il est amoureux de sa propre excellence, qu'il a la présomption irrationnelle de surpasser les autres. De façon insensée, la rencontre humaine devient alors asymétrique et anormalement verticale.

> Un sage, maître spirituel, voit avec étonnement comment son jeune disciple marche sur les eaux.
>
> « Comment fais-tu cela? » lui demanda-t-il.
>
> « À chaque pas j'invoque votre saint nom, maître », répondit dévotement le jeune.
>
> Quelque temps plus tard toute la communauté s'affola en voyant son maître s'enfoncer dans les eaux en répétant : « Moi..., moi..., moi... »

La relation entre jalousie et orgueil est immédiate. Si l'orgueilleux ne parvient pas à surpasser les autres comme son irrationalité le lui impose, il ne sera pas satisfait. Cette insatisfaction génère le ressentiment qui donne lieu à la jalousie. Saint Thomas la définit simplement comme la tristesse provoquée par le succès de l'autre et une joie subtile et perverse lorsqu'il connaît l'échec.

Dans *L'Éthique,* le philosophe Baruch Spinoza donne un conseil simple pour résister à ce vice [41] : Ne raille pas, ni ne méprise, ni n'aie en horreur le comportement de l'autre,

(41) Cf. Baruch Spinoza, L'*Éthique,* fin de la deuxième partie, « De la nature et de l'origine de l'esprit », troisième remarque.

essaie plutôt de le comprendre. Le philosophe hollandais nous rappelle que l'empathie, c'est-à-dire le fait de se mettre à la place de l'autre pour le comprendre, vient à bout de la jalousie la plus consistante.

Tant la jalousie que l'orgueil sont des défauts « relationnels », c'est-à-dire que personne n'est orgueilleux ou jaloux hors de la relation aux autres. Le drame du vaniteux dans *Le Petit Prince* était dû au fait que personne ne passait par sa planète pour pouvoir l'admirer, parce que la vanité est un vice qui a besoin de l'autre, il est relationnel.

> Ne pas railler,
> ne pas déplorer,
> ne pas maudire,
> mais comprendre.

Dans *La Grenouille qui veut se faire aussi grosse que le bœuf* de La Fontaine, la grenouille meurt parce que la rencontre avec le bœuf a suscité en elle des désirs insensés :

> Une grenouille vit un bœuf
> Qui lui sembla de belle taille.
> Elle qui n'était pas grosse en tout comme un œuf,
> Envieuse s'étend, et s'enfle, et se travaille
> Pour égaler l'animal en grosseur,
> Disant : « Regardez bien, ma sœur ;
> Est-ce assez ? Dites-moi ; n'y suis-je point encore ?
> – Nenni. – M'y voici donc ? – Point du tout. – M'y voilà ?
> – Vous n'en approchez point. » La chétive pécore
> s'enfla si bien qu'elle creva.

Pourquoi ces vices sont-ils aussi enracinés dans l'espèce humaine ? Sans doute par notre besoin d'avoir et de développer une identité qui soit reconnue. Il est indispensable pour nous de répondre à la question : Qui suis-je ?

On répond à cette question uniquement de façon relationnelle. L'identité ne peut pas être développée de manière solitaire, uniquement à partir d'un dialogue intérieur. Il est évident que ce « quelque chose » d'unique et singulier que nous sommes, d'après ce que nous a appris la logothérapie, exige que quelqu'un le reconnaisse, et qu'un destinataire puisse le découvrir. Frankl avait l'habitude de répéter : « Le je devient je seulement dans le tu » et Martin Buber disait : *« Je* m'accomplis au contact du *tu, je deviens je* en disant *tu. »*

C'est bien dans cette relation sans orgueil ni jalousie que l'autre me découvre et me fait don, par sa présence, de mon identité recherchée en vain dans une hypertrophie du je. Que se serait-il passé avec la grenouille si le regard du bœuf lui avait donné son essence : « Tu es la maîtresse de la mare, celle de laquelle aucun insecte ne s'échappe, et tout cela, bien que tu ne sois pas un animal très grand » ? Ou si sa sœur avait confirmé son amour fraternel au lieu d'entrer dans son jeu et de la laisser courir à sa perte ?

Dans quelle mesure l'orgueil et la jalousie affectent-ils les relations de travail ?

L'orgueilleux veut toujours être au milieu de la scène, solidement centré sur lui-même, et exige l'admiration ou au moins la considération de ceux qu'il a placés à la périphérie. Ses deux armes sont la manipulation et le mensonge.

La psychologie range l'orgueilleux et le jaloux sous un même type : le narcissique, auquel nous avons déjà fait référence dans le chapitre précédent. On décrit le narcissique comme celui qui exige que les autres le considèrent comme spécial et unique. Tout homme est unique par essence, mais on peut seulement espérer que ce soit reconnu, et non pas l'exiger. Celui qui espère la reconnaissance l'obtiendra tôt ou tard, celui qui l'exige ne fera que susciter des sentiments négatifs chez les autres et, finalement, chez lui-même. Et paradoxalement, ces sentiments aboutiront au même résultat qu'obtient celui dont les chiens aboient constamment et éloignent toute visite, même celle qui apporte une bonne nouvelle.

La tendance exhibitionniste amène l'orgueilleux à parler sans interruption de lui-même, de ce qui lui arrive, de ce qu'il fait, de ce que les autres disent de lui ou peuvent penser de sa personne… L'orgueilleux ennuie avec son discours autoréférentiel. Lorsqu'il est dans un bureau, on a envie de le quitter.

Parler autant le rend incapable d'être à l'écoute; il est comme un sourd, incapable de percevoir et de comprendre les autres dans leurs pensées, leurs sentiments et leurs expériences vécues. Il a un déficit d'empathie.

Le donjuanisme conduit les orgueilleux et les orgueilleuses – car cela ne concerne pas que les hommes – à voir dans les autres des objets de conquête sexuelle à collectionner de manière compulsive. La séduction qui étymologiquement veut dire « conduire à soi » est un mécanisme naturel, mais comme le narcissique est incapable de faire don de sa personne, sa passion est inconstante. Si quelqu'un le repousse dans son désir de conquête, il s'attirera en retour colère et désir de vengeance.

Dans le travail, le narcissique fonctionne généralement sur un schéma fait d'un succès initial suivi de prestations médiocres entrecoupées de quelques flashs brillants. Le travail en équipe est difficile puisque les moments brillants et médiocres alternent suivant le propre rythme du narcissique. Une équipe requiert de la stabilité pour que les participants prennent peu à peu le rythme ; mais c'est impossible avec des hauts et des bas continuels. Imaginons avec quelle difficulté se fera le travail si le narcissique est le coordonnateur de l'équipe, ce qui n'est malheureusement pas rare.

Les sentiments de frustration se transforment, comme nous l'avons dit, en rage et en désir de vengeance. La jalousie est le seul vice qui ne produise pas de plaisir. L'échec de l'autre ne comble pas assez le désir de supériorité de l'orgueilleux. C'est pour cela que la joie jalouse est toujours pauvre, paradoxalement peu jouissive. La jalousie est en fait un sentiment secret de colère dont personne n'est fier et dont on préfère ne pas parler. Elle se manifestera par des critiques systématiques et constantes, d'autant plus si les choses sont bien faites.

Selon la psychanalyse la fragilité psychologique de ces personnes est la cause de leurs troubles de la personnalité. Au niveau inconscient elles se sentent petites et abandonnées, d'où le besoin de la négation de l'autre dans leur tentative d'être quelqu'un. C'est pourquoi nous ne devons pas les juger, mais il convient plutôt de proposer comme alternative au narcissisme d'autres attitudes et convictions, susceptibles de les aider à surmonter orgueil et jalousie :

Pour surmonter orgueil et jalousie

1. Trouver du plaisir dans les choses simples et être une personne normale.

2. Être comme les autres n'empêche pas le fait que nous soyons uniques.

3. Chercher la joie de travailler en équipe.

4. Je peux ne pas toujours être le meilleur.

5. Travailler intensément n'est pas toujours nécessaire.

6. Les autres aussi ont des besoins. Je peux les découvrir.

7. Les critiques peuvent être constructives et ne doivent pas me paralyser.

8. Je suis heureux d'être reconnu. Mais la reconnaissance n'est pas un dû.

9. La réalité est plus stimulante que tout rêve de grandeur.

10. Les succès et les échecs sont transitoires.

11. Tout le monde a des défauts et chacun est unique.

12. Je peux mieux connaître mes états d'âme et les assumer.

Deux post-it

Il y a quelques années, à Rome, j'ai visité un bureau où travaillait un groupe d'une dizaine d'hommes et de femmes qui coordonnaient un parrainage d'enfants par lequel ils soutenaient quelque trente-six projets répartis dans trente-huit pays. Le travail était gigantesque et très diversifié, il supposait des contacts avec les parrains qui collaboraient économiquement et avec les volontaires responsables des projets. Ce groupe faisait sans aucun doute partie de la petite armée des « bons Samaritains ».

Le bureau, unique, était vaste et lumineux, le mobilier était modeste mais harmonieux. Sur les murs on voyait des photos d'enfants des Philippines, du Cameroun, du Pérou, etc., jouant, étudiant, toujours souriants.

La relation entre les membres de l'équipe était harmonieuse comme leur bureau, et le respect réciproque se voyait dans chaque interaction. Les échanges de sourires ne manquaient pas, même dans les moments où ils avaient du mal à tomber d'accord entre eux. Il m'a semblé qu'ils reflétaient les mille sourires des enfants des photos.

Curieux, j'ai posé mon regard sur deux post-it, affichés parmi les photos. L'un disait : « Considère les autres comme supérieurs à toi » et l'autre rappelait ce qu'on nomme la « règle d'or » de l'éthique : « Ne fais à personne ce que tu ne voudrais pas qu'on te fasse. » J'ai demandé pourquoi ils avaient affiché ces post-it et ils m'ont répondu qu'ils représentaient ce qui avait été convenu comme principe de leurs relations lors de la dernière rencontre de planification.

Bien sûr, on ne peut pas penser que deux simples post-it aient le pouvoir magique d'améliorer une atmosphère de travail ; et encore moins de soigner les nombreuses personnes affectées par les critiques impitoyables et systématiques, l'orgueil et les jalousies, les harcèlements psychologiques ou sexuels, le carriérisme démesuré, etc. Mais, lors de cette visite, j'ai découvert la nécessité d'un accord de principe sur ce qui représente le meilleur de notre nature. Ces deux messages contribuaient au climat positif de travail, parce qu'ils fonctionnaient comme le rappel d'un accord passé entre ceux qui travaillaient là.

En médecine le fait d'avoir juré sur le même code éthique nous unit entre collègues, nous nous engageons par le serment d'Hippocrate à nous aider réciproquement comme des frères. S'accorder sur une charte commune est une bonne base pour une vie de travail paisible.

Pensons au pacte matrimonial, aux alliances politiques pour essayer de changer des lois injustes, ou encore au pacte entre les nations qui a fondé l'ONU après la Seconde Guerre mondiale. Encore une fois le lecteur me taxera de naïveté. Il me dira que les médecins se soucient davantage de leurs honoraires que du code déontologique ; que des mariages, il y en a de moins en moins ; et que l'ONU, détournée de ses objectifs initiaux, n'a plus la force de garantir la paix sur la planète.

Pourtant il est certain que le sentiment d'appartenance communautaire est un facteur qui participe au bon climat relationnel du travail, et que le facteur positif d'appartenance prévient le burn out. L'experte en burn out Christina Maslach le confirme lorsqu'elle dit qu'une communauté d'entreprise forte prévient l'usure professionnelle. Un sentiment de communauté représente-t-il un objectif par trop utopique ? Christina Maslach ne le pense pas et ajoute que partager des valeurs est la meilleure stratégie pour bâtir une telle communauté. Les valeurs partagées peuvent devenir les principaux éléments de cohésion dans le cadre du travail [42].

---

(42) Cf. Christina Maslach, Michael Leiter, *Burnout e organizzazione. Modificare i fattori strutturali della demotivazione al lavoro,*

Remarquons, d'autre part, que les valeurs partagées sur les fameux post-it contiennent le meilleur de la nature humaine. Le premier réfère à un des passages les plus beaux d'une lettre de saint Paul, la lettre aux Philippiens, et représente ce qu'il y a de meilleur dans le judaïsme, le christianisme et la philosophie stoïcienne gréco-romaine que l'apôtre synthétisait : « Ne faites rien par rivalité, rien par gloriole, mais, avec humilité, considérez les autres comme supérieurs à vous » (2,3). Le deuxième texte se retrouve avec d'infinies nuances dans les livres sacrés de toutes les cultures et religions [43] et atteste de l'existence d'une nature humaine commune qui prépare les personnes à la rencontre mutuelle. C'est ce qui explique que la règle d'or soit apparue dans des lieux, des contextes religieux et culturels si divers, comme principe universel.

1. Rencontrez-vous avec vos collègues pour favoriser le sentiment d'appartenance au groupe. 2. Ensemble déterminez des valeurs communes. 3. Engagez-vous ensemble à les mettre en œuvre. 4. Partagez les résultats obtenus. 5. Retrouvez-vous régulièrement pour faire le point.

Erikson, Trento (Italia) 2000.

(43) Christianisme, judaïsme, islamisme, bouddhisme, hindouisme, confucianisme, jaïnisme, sikhisme, taoïsme, bahaïsme, zoroastrisme, et même dans les religions traditionnelles africaines.

Humilité et estime de soi

Les maîtres spirituels que nous avons déjà évoqués indiquent que l'humilité est l'antidote à la fatuité et à l'orgueil. Sainte Thérèse d'Avila affirmait que l'humilité consiste à marcher selon la vérité. La sainte espagnole nous aide justement à comprendre que la personne humble c'est celle qui a de l'estime pour elle-même conformément à la réalité. La personne humble a une grande estime pour elle-même, contrairement à la personne démoralisée ou aliénée, parce qu'elle connaît sa propre dignité et se perçoit dans sa valeur relationnelle infinie. Précisément parce qu'elle est consciente de sa nature relationnelle, la personne humble se reconnaît dans sa relation à Dieu et aux autres, et c'est pour cela que contrairement à l'orgueilleux, elle cherche avec détermination à ce que ses relations soient toujours profondes.

Citons un texte de Chiara Lubich :

> Ceux qui sont près de moi ont été créés comme un don pour moi, et moi comme un don pour eux. Sur terre, tout est en relation d'amour : tout avec tout. Cependant il faut vivre l'Amour pour déceler le fil rouge qui relie les êtres [44].

Dans ce texte on retrouve l'idée de l'humilité comme conscience de sa propre valeur, née de la relation. La

(44) Chiara Lubich, *Pensée et spiritualité,* Nouvelle Cité 2003, p. 133.

première partie : « Ceux qui sont près de moi ont été créés comme un don pour moi », indique que le moi a conscience d'avoir besoin de l'autre et que pour l'accueillir il lui faut se décentrer. La deuxième partie : « Et moi comme un don pour eux », traduit la conscience de sa propre valeur.

Dit avec les mots de Soloviev,

> le mensonge et le mal de [l'orgueil] ne consistent nullement en ce que telle personne s'apprécie excessivement, qu'elle s'attribue une valeur absolue et une dignité infinie : en cela elle a raison (!), car tout sujet humain, en tant que centre indépendant, en tant que potentialité de perfection infinie, en tant qu'être capable de contenir dans sa conscience et sa vie la vérité absolue, est quelque chose d'absolument irremplaçable, et ne peut se faire une trop haute idée de soi-même [45].

Ce qui fait l'orgueil n'est donc pas de se penser unique, mais de se penser unique sans songer que les autres le sont aussi.

Souvent les livres sur le développement personnel nous amènent à comprendre que nous ne sommes pas ce que nous devrions être et nous pouvons nous culpabiliser. Ces livres obtiennent paradoxalement l'effet contraire au résultat escompté. Nous nous focalisons sur nos idées irrationnelles, nos comportements dépendants, nos émotions souvent inappropriées et nous ne parvenons pas à l'estime de soi

---

(45) Vladimir Soloviev, *Le Sens de l'amour*, p. 37 (deuxième article, III. Amour et égoïsme).

que nous recherchons. Pourquoi cela arrive-t-il ? Parce que l'estime de soi n'a pas pu se développer par méconnaissance de notre propre valeur. Si nous avons une valeur, celle-ci est relationnelle. Vivre dans le « salutaire oubli de soi », ouverts à la transcendance vers Dieu, la nature et vers nos semblables, nous rendra une valeur que nous-mêmes n'aurions jamais pu imaginer, même avec l'orgueil le plus insensé. Les possibilités de notre sociabilité sont infinies et c'est à partir de là seulement que notre valeur est infinie. Humilité – concept ancien – et estime de soi – concept contemporain – expriment une unique notion, celle de nous évaluer par la vérité de la relation.

Afin de nous recentrer sur la beauté de notre être relationnel

Penser aux personnes que j'aime (famille, amis, collègues de travail, membres d'association ou d'Églises dans lesquelles je suis engagé).

Pourquoi ne pas m'entourer de leurs photographies ?

Dans ma relation avec eux et avec chacun d'eux…

1. Est-ce que je sais assez apprécier la singularité et l'originalité de ceux que j'aime ? Une personne demeurera toujours un mystère pour moi, qui se dévoile et qui me surprend à chaque rencontre.
2. Les personnes qui me sont chères me font-elles découvrir une facette de moi que je ne connaissais pas ? Je le formule par écrit en quelques mots.
3. Quel projet commun puis-je leur proposer ?
4. L'amour me pousse à sortir de moi. Comment vais-je me décentrer grâce à telle ou telle personne ?

5. Dans *Homo patiens* [46] Viktor Frankl écrit : « [...] même si cela semble un paradoxe : les choses ne valent que pour être sacrifiées. Le sens sacrificiel représente la véritable valeur des choses. Et ce qui détermine en dernier ressort le prix d'une chose c'est son possible destin pour quelque chose de supérieur. » Je me demande : Qu'ai-je sacrifié pour cette relation ?

6. Peut-être puis-je partager cette réflexion avec les personnes concernées.

Annexe : Le burn out et l'art de diriger

Peut-on penser un leadership qui ait comme objectif principal d'instaurer une communion et de tisser de bonnes relations entre les personnes afin que, une fois celles-ci intégrées, on atteigne les buts communs fixés ? Un leadership exercé de cette manière préviendrait sans doute le burn out aussi bien chez le responsable que chez ceux qui travaillent avec lui.

Le terme « leader » est un mot anglo-saxon à rapprocher du latin *lis, litis* qui signifie « dispute », « querelle ». Le leader se bat contre tout ce qui fera obstacle aux objectifs prévus. Nous pourrions dire que cette acception du mot « leader » s'apparente au jardinier qui taille, qui prend soin, fertilise, sarcle et arrache les mauvaises herbes qui nuisent à l'harmonie du jardin.

(46) Viktor FRANKL, *Homo patiens. Versuch einer Pathodizee,* Franz Deuticke, Vienne 1950.

D'autre part, il est lié au verbe d'origine anglo-saxonne *to lead,* qui signifie « guider ». C'est un autre aspect du leader : tel un guide de haute montagne, il sait où l'on doit arriver, il connaît le chemin et accompagne les autres vers ce but. Son expérience et son plan de route offrent une sécurité au groupe.

Les grands ou petits leaderships s'exercent avec une combinaison particulière des deux éléments. Il convient d'être attentif au cas où l'un des aspects deviendrait prédominant. Une action forte et continue du leader-jardinier peut amener à l'autoritarisme, qui généralement dilue le rôle et la responsabilité de l'équipe de travail. Les membres de l'équipe peuvent se sentir, littéralement, comme des plantes d'ornement dans le bureau. De la même manière le leader-guide, connaissant le chemin à l'avance, peut se détacher du groupe et se référer uniquement à sa feuille de route, sans consulter les membres qui partagent le projet. Poussés à l'extrême, le jardinier et le guide obtiennent le même résultat : ils affaiblissent le dynamisme créatif des personnes qui travaillent dans leur équipe.

Réfléchissons à ce que serait un leadership qui favorise la communion.

Tout leader désire ancrer ses décisions dans les valeurs qu'il a choisies. Dans l'Antiquité, pour la navigation, en plus des ancres traditionnelles les bateaux en possédaient d'autres, horizontales, que l'on jetait vers la côte et qui fixaient le bateau en l'accrochant aux rochers émergeant de l'eau. Le navire demeurait uni au but que l'on voulait atteindre, la côte. Quelque chose de semblable se produit avec nos propres buts, nos convictions et nos principes, ils nous ancrent vers l'avant.

Prenons comme exemple un leader indiscutable, Jésus, et les tentations dans le désert. Le diable propose à Jésus, qui se prépare pour sa mission, trois moyens pour éviter la souffrance du leadership : « Ordonne que ces pierres deviennent des pains », « tout cela je te le donnerai, si tu te prosternes et m'adores » et « jette-toi du haut du temple car il est écrit : "Il donnera pour toi des ordres à ses anges et ils te porteront sur leurs mains" ». Le véritable leader surmonte ces trois tentations qui vivent dans notre âme à côté de notre vie consciente. Aujourd'hui nous les appellerions « ombres », selon le langage de la psychanalyse jungienne. L'ombre en effet est un concept élaboré par le psychanalyste Carl Jung et signifie « l'autre côté » de la personnalité, le côté obscur et inférieur. Voici comment cet auteur la décrit : « Chacun est suivi d'une ombre et moins celle-ci est incorporée dans la vie consciente de l'individu plus elle est noire et dense. Si une infériorité est consciente, on a toujours la chance éventuelle de la corriger [47]. » Et plus loin : « Si les tendances refoulées de l'ombre n'étaient que mauvaises, il n'y aurait pas de problème du tout. Or, l'ombre est en règle générale seulement quelque chose d'inférieur, de primitif, d'inadapté et de malencontreux, mais non d'absolument mauvais [48]. » Quelque chose comme le « côté obscur de la force » pour les adeptes de *Star Wars.*

---

(47) Carl Jung, *Psychologie et religion,* Buchet/Chastel 1958, p. 153.
(48) *Ibid.,* p. 157.

L'ombre se manifeste selon plusieurs dynamismes :

1. La projection par laquelle nous nous demandons parfois : « Pourquoi cette personne m'est-elle antipathique ? » Cela peut arriver si elle est le reflet de moi-même avec toutes mes caractéristiques, mes aspects détestables et obscurs.

2. Dans des cas pathologiques il se produit une identification totale de la personne avec son ombre. La personne vit son ombre à travers des perversions ou des dépressions cliniques.

3. On peut parvenir à un stade avancé de maturité en intégrant l'ombre. Il s'agit d'accepter la partie négative de notre personnalité afin qu'elle soit assumée comme une source d'énergie, qui, au lieu d'être éparpillée dans l'ombre refoulée, projetée ou ignorée, se canalise pour notre croissance. Pour Jung l'acceptation de l'ombre est un pas essentiel dans le processus d'individualisation, que j'appellerais processus de personnalisation.

Dans la même ligne, le leader est quelqu'un qui a fait la paix avec son ombre et qui aide les autres à faire de même. La paix avec son ombre engendre justice et vérité. Par conséquent, le leader relie, comme un pont ou un plan incliné, instinct et esprit, conscient et inconscient, raison et sentiment. Le leader ne polarise pas, mais il rapproche plutôt, il connecte, il réunit, il harmonise, il unit.

Rendre conscient l'inconscient, tel est le travail du psychanalyste, selon le père de la psychanalyse, Sigmund Freud. La connaissance de soi est nécessaire dans tout processus de croissance et essentielle pour un leader. Il s'agit d'un travail sans fin, toujours inachevé. Ce travail est à mener, cependant, sans oublier que la vie exige un regard ouvert sur l'extérieur; l'existence, qui est une sortie de soi, ne se réalise pas uniquement en plongeant dans l'inconscient.

Quels sont les aspects de l'inconscient que je dois rendre conscients? Quels sont les trésors de ma recherche intérieure?

1. J'essaie d'être conscient de mes qualités et de mes défauts pour favoriser la rencontre avec l'autre. Par exemple, Jean, banquier, connaît sa timidité qui peut le faire paraître trop froid et sérieux. Il cherche alors à rompre la glace en plaisantant et ainsi devient plus accessible.

2. Je prends conscience au mieux de certains désirs inconscients. Myriam, par son origine humble, a inconsciemment besoin de réussir dans tout ce qu'elle entreprend. Elle prend conscience que cela la rend excessivement ambitieuse. Alors qu'elle postule pour un poste vacant, elle est très angoissée car elle ne supporte pas l'échec. Sachant cela, elle essaie de prendre du recul.

3. Je prends conscience que je me trouve souvent dans une structure de relation inconsciente que j'ai héritée du schéma familial dans lequel j'ai été élevé, et que je répète dans le groupe de travail. Dans le schéma familial chacun occupe une place plus ou moins fixe (fils aîné, cadet, fils unique, etc.) et souvent continue de l'occuper dans les relations interpersonnelles [49].

(49) Pour celui qui voudra approfondir ce sujet je recommande le livre d'Anselm Grün et Friedrich Assländer, *Management et*

La connaissance de soi n'est pas seulement un processus cognitif, la volonté et le désir s'ajoutent aux principes qui nous guident. Après avoir pris conscience de nos ombres, revenons aux tentations de Jésus.

« Ordonne que ces pierres deviennent des pains ». La tentation de la superficialité

Pendant sa vie publique Jésus vivra des faits extraordinaires. Pourquoi alors ne pas accepter de faire quelque chose d'extraordinaire dans le désert comme le propose Satan ? Simplement parce que le tentateur voulait que cette manifestation de la puissance de Jésus se produise dans un contexte accidentel, dépourvu de sens et de fondement. Ainsi le leader doit-il surmonter la tentation de travailler superficiellement et d'agir sans principe directeur. Il sort de la légèreté propre aux phénomènes, de la « frivolité métaphysique » selon les termes de Karl Jaspers, pour viser la solidité des fondements.

Qu'est-ce que cela veut dire ? Dans son livre *La 8e Habitude,* Stephen Covey cite un passage éclairant d'Alfred Whitehead : « Il y a une différence entre principes et stratégies. Dans un certain sens, le savoir diminue à mesure qu'augmente la sagesse, puisque les détails disparaissent en faveur des principes. Les détails du savoir, qui sont importants, se prendront ad hoc à chaque circonstance de la vie,

accompagnement spirituel, DDB 2008 qui contient un chapitre consacré à la structure systématique familiale en parallèle avec les systèmes organisationnels des entreprises.

mais l'habitude de l'utilisation active des principes bien compris constitue l'obtention définitive de la sagesse [50]. »

L'« habitude de l'utilisation active des principes » jette les fondements du leadership.

1. *Du paraître à l'être.* Veillons à ce que nos propos soient conformes à la vérité des choses. Je connais des gens qui écrivent leurs rapports avant d'avoir eu connaissance des résultats de l'activité réalisée. Parmi eux, il y a même des scientifiques ! Ce qui « semble », ce qui « apparaît », « l'apparence », « ce qui sera accepté » résume et devient la chose en soi. Nous avons déjà vu que la vérité va de pair avec l'*humilité*.

2. *De l'urgent à l'important.* Pris par l'urgence, nous négligeons souvent ce qui est important. Citons à nouveau Covey : « Commencer par le commencement signifie organiser et mener à bien les priorités les plus importantes. Quelles que soient les circonstances, cela implique de vivre conformément aux principes que l'on estime le plus, et d'être poussé par eux et non par les affaires urgentes et les forces qui vous entourent [51]. » Un ministre de la Santé par exemple doit construire différents types d'hôpitaux : des hôpitaux d'urgence, des hôpitaux pour malades chroniques, et élaborer aussi des politiques de prévention. Aucun plan de santé ne fonctionnera si on ne prévoit que des hôpitaux d'urgence. La vertu nécessaire pour cela est la *force,* car c'est la vertu qui s'oppose à la peur, à notre propre anxiété de tout voir résolu immédiatement.

---

(50) D'après Stephen R. Covey, *La 8ᵉ Habitude,* First 2006.
(51) *Ibid.*

3. *De la fonction à la personne.* Le mot « personne » dérive du latin *persona,* qui désigne le « masque de théâtre », les acteurs dans le théâtre antique utilisant des masques à l'intérieur desquels résonnait la voix. Dans notre travail notre voix résonne dans le masque du rôle qui est le nôtre, tout en conservant son unicité. Nous avons vu cela dans l'analyse existentielle du travail que propose la logothérapie.

Que se passe-t-il quand la personne est vue uniquement à partir de la fonction qu'elle occupe, c'est-à-dire comme masque et comme voix qui résonne dans le masque ? Elle s'assimile à son rôle, à son masque, la fonction s'incruste en elle. Il devient alors très difficile de changer de rôle. La question face à un changement de fonction ou face à la retraite devrait être : « Que vais-je faire à partir de maintenant ? » et jamais : « Qui suis-je maintenant ? » La différence est notable car, alors que la première question propose de nouvelles tâches, la deuxième peut mener au désespoir.

Travailler avec le masque nous conduit à catégoriser les collaborateurs et cela peut pervertir la véritable rencontre : « Elle est sympathique, cultivée, avec un QI de 110 », « il est un peu soporifique », « ses idées sont toujours creuses », « il est tellement superficiel ». Souvent ma formation, ma culture, mes intérêts constituent des préjugés qui forment un épais brouillard sur le chemin vers la véritable rencontre. C'est ce que nous appelons les masques culturels ou sociaux. Ils sont un symptôme de la confusion d'un leadership dans lequel on assimile la fonction à l'être. La vertu nécessaire pour passer de la fonction à la personne est le *détachement.*

4. *De l'arbitraire au rationnel.* De nombreux leaders « sentent » intuitivement la marche à suivre mais il leur est

> Les fondements du leadership : du paraître à l'être, de l'urgent à l'important, de la fonction à la personne, de l'arbitraire au rationnel.

difficile d'expliquer leur intuition qui peut alors sembler arbitraire pour certains. Le cœur a besoin de rationalité pour s'exprimer. Nous avons déjà vu qu'être en paix avec notre ombre nous conduit à l'*intégrité*.

En d'autres termes, humilité, force, détachement, intégrité, avec un effort constant, fondent l'autorité du leader.

« Tout cela je te le donnerai, si tu te prosternes et m'adores ». La tentation du pouvoir comme désir de contrôle cognitif et pratique (tout savoir, s'occuper de tout)

Vouloir tout savoir et s'occuper de tout provient souvent d'un sentiment d'infériorité.

Dans la gestion quotidienne du travail un leader qui a besoin de tout contrôler divise les personnes, isole les groupes et fige les autres dans leur personnalité sans possibilité d'évolution.

On cherche à parler en tête-à-tête avec chaque subordonné et en général dans ces entretiens privés on critique les autres. Celui qui a succombé à la tentation du contrôle doit parceller… « Diviser pour mieux régner », dit le vieil adage.

Un autre moyen pour mieux régner est d'isoler l'équipe en la séparant des autres membres de l'entreprise, comme on le voit chez des groupes fanatiques : « Nous, nous sommes les bons et les autres sont les méchants. » Cette manipulation se produit avec une forte diminution du sens de la réalité, l'objectif inconscient étant de faciliter le contrôle.

Voir les collaborateurs fixés dans l'immobilisme, comme s'ils étaient soumis à la fatalité, aide aussi à exercer un contrôle. Pour cela le leader fait remarquer que les membres de son équipe sont dominés par leur passé et ne peuvent évoluer. C'est une manipulation de la réalité qui permet le contrôle, car il est bien sûr plus facile d'intervenir sur ce qui ne bouge pas.

On peut aussi s'enfermer dans son bureau avec son ordinateur. C'est souvent ce que font les chefs qui ont peur pour éviter les dynamiques propres aux relations variées et inattendues.

Simone Weil recommande de ne pas exercer tout le pouvoir dont on dispose afin de pouvoir supporter le vide [52]. Elle proposait aussi d'imaginer comment serait un paysage, le bureau, l'usine, notre maison sans notre présence [53].

« Jette-toi du haut du temple car il est écrit : "Il donnera pour toi des ordres à ses anges et ils te porteront sur leurs mains" ». La tentation du populisme démagogique

Le leader qui n'a pas surmonté sa tentation du populisme voit le groupe comme une masse, c'est-à-dire comme un

(52) Cf. Simone Weil, *La Pesanteur et la Grâce,* p. 18, document produit en version numérique par Gemma Paquet, professeure retraitée du Cégep de Chicoutimi, Québec, d'après l'édition de la Librairie Plon, Paris 1947 et 1988.
(53) Cf. *ibid.,* pp. 47-49.

ensemble de gens dépersonnalisés. Le vaccin contre le populisme est la conscience que la communauté de travail est constituée de personnes responsables. La responsabilité n'est pas quelque chose que l'on possède à un degré plus ou moins élevé, nous sommes tous responsables. Responsabilité vient de « répondre », et la capacité de répondre fait partie de la nature humaine. Par conséquent il faut surmonter la tentation de nier cette responsabilité par la confiance que chacun mérite conformément à sa nature, avec laquelle tôt ou tard il *répond*.

Ombres et tentations une fois surmontées, un leadership de communion peut enfin se développer. Voyons-en quelques caractéristiques, fruit de mon observation.

1. Le leader, une fois les ombres et les tentations surmontées, parvient à une honnêteté de fond qui lui permet une relation de confiance avec les personnes. Pour cela il a appris à renoncer aux attitudes, aux actions, aux habitudes, aux mots contraires à la vérité. Il s'enrichit de la sagesse des personnes qu'il a près de lui. Vie et théorie, objectifs futurs et vie quotidienne s'harmonisent en lui.

2. Il vit le travail d'équipe comme une rencontre humaine. Pour cela il a perdu la « pré-occupation » du succès de sa gestion. Il n'est pas obsédé par le fait d'être un bon dirigeant et il oublie aussi, je l'espère, ce qui est très sain, tout ce qu'il a lu sur le leadership (y compris ces pages). Le responsable est avant tout un collègue disponible et compréhensif, et ce n'est qu'en second lieu qu'il est celui qui tient le rôle de leader. Pour vivre à fond la rencontre il a non seulement besoin d'« oublier » ses propres attentes, mais aussi celles sur

ses collaborateurs. Simone Weil commente ainsi la phrase du Notre Père : « comme nous pardonnons aussi à ceux qui nous ont offensés... » :

> Les hommes nous doivent ce que nous imaginons qu'ils nous donneront. Leur remettre cette dette. Accepter qu'ils soient autres que les créatures de notre imagination, c'est imiter le renoncement de Dieu. Moi aussi, je suis autre que ce que je m'imagine être. Le savoir, c'est le pardon [54].

3. Le leader impulse l'orientation et le sens du travail. Dans son livre *Der leidende Mensch* Frankl affirme que même la souffrance est un motif d'apprentissage. Sur le chemin que le leader parcourt avec les autres il doit aussi avoir trouvé le sens de ses propres souffrances et de ses propres échecs. Lui aussi est *homo patiens* et sa douleur attend d'être pourvue de sens pour éviter le désespoir. Le leader est capable de souffrir et d'en comprendre le sens. Frankl, dans ce même livre, explique que la capacité de souffrir n'est pas une capacité innée, mais qu'on l'acquiert par des décisions et des attitudes choisies. Le travail en commun est alors un lieu privilégié pour cet apprentissage existentiel. Tous, et spécialement le leader, durant les heures de travail, en résolvant des conflits interpersonnels, institutionnels, des problèmes économiques et financiers, de la paperasserie inutile, en recevant des reproches souvent injustes, tous sont appelés à répondre à cette exigence de sens par une attitude juste.

(54) *Ibid.*, p. 17.

Le dirigeant est un *homo patiens* sujet au burn out. Donner du sens à la souffrance pour surmonter l'usure qui mène au désespoir est un grand défi. C'est une attitude intérieure qui dépasse de loin les batailles financières compliquées.

4. Le dirigeant guide parce qu'à son tour il est guidé. Personne n'est assez haut dans l'échelle pour ne pas avoir besoin d'être guidé. De la même manière que les psychothérapeutes ont besoin d'être supervisés et s'aident en suivant les conseils de leurs collègues, ceux qui guident doivent avoir quelqu'un qui les guide.

Dans certains groupes il est pratiqué régulièrement « un moment de vérité », c'est-à-dire un moment où les différents collaborateurs se disent avec bienveillance ce qui va et ce qui ne va pas dans la conduite de chacun. Les méthodes peuvent diverger, l'essentiel étant de les choisir en fonction du tempérament des participants. On consacre généralement environ deux heures par mois pour que les différents membres de l'équipe puissent communiquer leurs expériences vécues par rapport à la marche du travail, à la relation entre collègues, et aux qualités et défauts de chacun qui influent sur l'ambiance de travail. On peut aussi inviter quelqu'un qui a de l'expérience et en qui on a toute confiance pour coordonner le débat. Il est recommandé, dans les critiques tant positives que négatives, de juger des conduites et non des personnes. Ce n'est pas pareil de dire : « Vous êtes irresponsable » que d'indiquer : « Le mois dernier vous avez été trois fois en retard. » La première remarque est une critique personnelle et, d'une certaine manière, difficilement vérifiable, la seconde est une observation objective.

Très souvent les participants à ces réunions en sortent libérés et renouvelés pour retourner aux tâches habituelles.

5. L'autorité du leader se fonde sur une volonté claire en faveur de ses collaborateurs, de ses clients et de ses collègues.

Quelques décennies après le fameux livre d'Erich Fromm *L'Art d'aimer,* Chiara Lubich a écrit un livre qui utilise la même expression [55], en prenant comme seules sources les évangiles et sa propre expérience. Chiara Lubich met en avant que celui qui vit l'amour véritable ne discrimine pas : il aime tout le monde, il prend l'initiative, il n'attend pas d'être aimé pour offrir l'amour. Sur la même ligne que Fromm, elle indique que l'amour véritable est concret, par conséquent il n'est pas seulement fait de mots ou de sentiments. Celui qui vit cet amour se voit lui-même dans son prochain. Selon Chiara Lubich l'amour évangélique a la propriété de faire naître l'amour réciproque.

Pour qu'il y ait réciprocité, le responsable doit aimer ses collaborateurs mais il doit aussi se laisser aimer! Souvenez-vous des paroles de Jésus à Pierre : « Est-ce que tu m'aimes, Pierre? » demande Jésus à son apôtre. C'est le Christ lui-même qui veut être aimé. « Aime et tâche de te faire aimer », disait Don Bosco.

L'ART D'AIMER SELON CHIARA LUBICH

1. Aimer tout le monde.
2. Aimer en premier.
3. Aimer de manière concrète.
4. Aimer l'autre comme soi-même.
5. Aimer jusqu'à la réciprocité.

(55) Chiara LUBICH, *Un nouvel art d'aimer,* Nouvelle Cité 2006.

Un bon critère pour estimer son propre leadership est de se poser cette question : Mon service grandit-il ou rabaisse-t-il mes collaborateurs ?

Nous vivons une époque dans laquelle les réussites sont le fruit d'équipes qui travaillent en synergie. C'est-à-dire où le tout est plus que la somme des parties et où la relation entre les parties est bien un élément catalyseur, unificateur, et le plus stimulant du travail. Cette synergie est un moyen pour prévenir la propagation du burn out dans le milieu du travail. C'est même selon moi le moyen le plus efficace.

Chapitre 4

UNE CULTURE QUI USE?

« Les "nouveaux vices" ne sont pas d'ordre personnel mais bien des "tendances collectives" auxquelles l'individu ne peut opposer une résistance individuelle efficace sous peine d'être exclu de la société. Pourquoi alors en parler? Pour en être au moins conscients, et ne pas faire passer pour des "valeurs de modernité" celles qui ne sont que vos "sinistres complications". »

Umberto Galimberti

Dans ce chapitre nous allons évoquer la culture post-moderne [56], considérée comme étant un facteur important dans la propagation de ce que nous pouvons appeler à juste

(56) La postmodernité dans la réflexion sociologique désigne la condition particulière dans laquelle se trouve la culture contemporaine à partir des années 1960, en tant que conséquence des profondes et irréversibles transformations dans différents secteurs de la société. La vision sociologique souligne la présence de multiples mouvements caractéristiques de la société moderne, chacun d'eux étant capable de garantir intérieurement les conditions de sa propre interprétation, mais aucun d'eux n'étant capable de revendiquer un horizon universel (ex. : les Lumières, l'idéalisme, le marxisme, le capitalisme). Viktor Frankl le devine et explique que l'homme a dû payer doublement pour être civilisé : « Au début de son histoire, l'homme a perdu quelques-uns des instincts fondamentaux qui dirigent et garantissent le comportement animal. Cette garantie, comme celle du paradis, l'homme l'a perdue pour toujours : maintenant, il doit faire des choix. De plus, au cours de son évolution, il a souffert d'une autre perte plus récente : les traditions qui soutenaient son comportement ont rapidement disparu. Désormais, ni son instinct ni la tradition ne lui dictent sa conduite; il lui arrive même de ne pas savoir ce qu'il veut. Ou il cherche à imiter les autres (conformisme) ou il se plie à leurs désirs (totalitarisme) » (*Découvrir un sens à sa vie,* op. cit., p. 105).

titre l'épidémie de burn out. Nous vivons une époque de changements culturels forts, une période de crise, et bien que ce soit un lieu commun de le dire, elle n'en demeure pas moins préoccupante. Certains psychologues ne semblent pas en tenir compte dans leur travail.

Le philosophe et psychologue italien Umberto Galimberti affirme que l'analyse est nécessaire pour susciter une prise de conscience, et que prendre conscience est un élément essentiel pour forger une résistance appropriée. Résister aux « sinistres complications » de la culture actuelle est une façon de lutter, peut-être même la plus déterminante, contre l'usure professionnelle.

Comment se manifeste cette crise? Comme un malaise social qui n'affecte pas uniquement les jeunes ou les individus isolés, mais la communauté humaine tout entière. La cause n'en est pas exclusivement psychologique ou neuropsychologique, il s'agit d'une crise existentielle à l'échelle mondiale. Elle affecte toutes les zones géographiques, même les plus isolées.

Avec une force prophétique et selon le style de la littérature apocalyptique Friedrich Nietzsche a anticipé ce moment :

> Et je vis une grande tristesse descendre sur les hommes.
> Les meilleurs se fatiguèrent de leurs œuvres.
> Une doctrine fut mise en circulation et à côté d'elle une croyance : « Tout est vide, tout est pareil, tout est passé! »
> Et de toutes les collines résonnait la réponse : « Tout est vide, tout est pareil, tout est passé! »
> [...]

> En vérité, nous sommes déjà trop fatigués pour mourir [57].

Ce sont des mots qui se passent de commentaire.

Dans ce chapitre nous ferons référence à quelques éléments culturels impliqués dans l'usure des travailleurs de notre époque : le consumérisme, la temporalité fragmentée et le vide existentiel, ce dernier étant probablement la source de toutes ces manifestations. Viktor Frankl a appelé *névrose collective* cette « folie de l'homme » dans le sens le plus concret et le moins psychiatrique que l'on puisse concevoir.

Le consumérisme

Nous avons tous notre propre expérience et donc notre propre représentation du phénomène du consumérisme. Je situe mon « premier souvenir de grand consommateur » pendant mon adolescence. J'avais environ 13 ans quand j'ai rendu fous mes parents en insistant obstinément pour qu'ils m'achètent un jean décoloré, ce qui à l'époque était une grande nouveauté parmi les jeunes ; ne pas en avoir un signifiait être mis hors jeu. Mes parents ont fini, non sans efforts, par l'acheter, et quand je l'ai mis, ils m'ont fait sentir que j'étais ridicule étant donné ma petite taille. Une grande tristesse et une déception m'ont alors envahi. Plus tard j'ai compris l'expérience : ce que j'avais tant désiré comme

(57) Friedrich Nietzsche, *Ainsi parlait Zarathoustra*, op. cit., Deuxième partie, Le devin.

étant nécessaire à mon identité, au moment même où je le possédais enfin, me démontrait son incapacité à assouvir mon désir, et avait alors surgi en moi un sentiment de vide et de désillusion. Plus tard, à l'âge adulte, j'ai pu vivre la même expériencc avec des voitures, des smartphones, des ordinateurs, etc. et je m'évertue actuellement à essayer de m'en passer en utilisant quelques « trucs existentiels » que je partagerai par la suite.

Le fait de consommer des choses fait partie d'un processus instinctif, naturel chez toutes les espèces animales. De par la spécificité de notre être dans le monde, dans notre espèce cela se manifeste comme un choix personnel destiné à une fin. D'où la pertinence de la question : À quel moment le consumérisme devient-il pervers, c'est-à-dire quand est-il irrationnellement non destiné à une fin ?

Le consumérisme est irrationnel quand il devient une mentalité et une forme de vie qui nous font croire qu'en consommant seulement en fonction de nos désirs, nous obtiendrons de façon certaine une place dans la société, une identité, l'exercice de la liberté et le bien-être. Par conséquent, pour maîtriser sa consommation il faut avoir conscience de son identité et de son libre arbitre.

Dans le consumérisme nous perdons de vue le sens des choses. Le système économique de consommation-production dans lequel nous vivons nous incite à changer fréquemment les objets qui nous entourent, donc à les jeter. Les choses deviennent alors éphémères et perdent leur valeur.

Gandhi disait que la terre fournit suffisamment pour satisfaire les besoins de tous les hommes, mais pas la cupidité de chaque homme. En effet, dans une culture de fraternité les choses sont considérées comme des valeurs d'échange, elles prennent de la valeur dans l'amour et la réciprocité, sont capables d'assouvir les besoins de tous. Mais dans une culture du consumérisme règne une cupidité que rien ne peut assouvir. Même tous les biens du monde réunis ne pourraient satisfaire un seul homme isolé et autocentré sur ses désirs.

Mais ce qui nous intéresse dans ces pages c'est d'établir un rapport entre le consumérisme et le burn out. Rappelons que d'après la logothérapie, ce syndrome est lié au vide existentiel qui résulte du sentiment d'avoir perdu le sens du travail que nous faisons.

Pourquoi le consumérisme est-il un facteur aggravant dans ce processus? Parce que dans le consumérisme, comme nous l'avons déjà noté, les choses perdent de leur consistance et le monde devient donc évanescent.

D'autre part, le travailleur de nos sociétés postmodernes éprouve une forme d'aliénation, non pas celle de la théorie marxiste qui considère le produit réalisé comme n'appartenant pas au travailleur lui-même mais à autrui, mais parce qu'il fait l'expérience que les produits importent peu, ne valent rien, seront détruits à court terme. La dépersonnalisation touche plus encore les travailleurs des institutions financières où la production est dématérialisée dans un monde virtuel. Il est bien difficile de trouver le sens du travail dans cette relation aliénante et avec des produits dévalorisés!

En outre, quand on est entouré de choses éphémères et inconsistantes, on perd un indice de référence sûr dans un monde réel pour construire une identité certaine.

Ajoutons que, la responsabilité sur les choses ayant disparu, le consumérisme constitue aussi un grave problème écologique. La liberté se trouve face à l'espace indéfini du « je peux tout consommer », dans lequel elle ne trouve pas à s'enraciner dans un choix raisonné de posséder un objet de consommation.

On remplace la liberté de décider par l'adhésion conformiste aux nouvelles offres de consommation et l'obligation d'acheter. Suivre la tendance de la mode, des nouvelles technologies, du tourisme, etc., est une exigence qu'il devient difficile de ne pas entendre, tant leurs publicités quotidiennes sont insistantes et fortes. Comme l'offre d'achat vise nos désirs légitimes de bonheur et d'amour, de liberté et d'autoréalisation, cela engendre une confusion dans la conscience qui décide, parce que l'imagination et la réalité, le monde virtuel et réel, s'entremêlent continuellement. La ligne de séparation entre réalité et imagination devient ténue et poreuse. Nous travaillons beaucoup et sans une motivation claire pour payer nos chimères de réalisation et d'identité qui changent sans cesse. Une raison de plus pour que le processus qui consiste à apporter du sens à notre travail ralentisse jusqu'à s'arrêter.

En résumé, le consumérisme détruit une grande part de notre conscience existentielle. Il perturbe l'auto-transcendance, la liberté, la responsabilité et la capacité de désir. À l'image de la démence, dans laquelle on perd des zones importantes de la fonction cérébrale, le consumérisme est un Alzheimer de l'existence qui mine les organismes impliqués dans la réalisation du sens de la vie.

Résister à cette « sinistre conséquence » de la modernité signifie nous éduquer à une relation avec le monde consciente et critique, libre et responsable dans la dynamique relationnelle avec la nature et avec nos semblables. Voyons quelle aide peut nous apporter la logothérapie :

> **FACE À UN ACHAT, METTONS EN MARCHE LE MOTEUR EXISTENTIEL**
>
> 1. L'auto-distanciation : Prenons de la distance par rapport à la situation et observons-nous. Quel est mon besoin et celui de ma famille, les effets sur l'environnement, l'éthique de la production, le coût et la qualité, etc. Est-il nécessaire, utile ou superflu ?
> 2. L'auto-transcendance pour comprendre la valeur de ma décision : Quel sens a cet achat ? De quelle façon établit-il un rapport positif avec moi-même et mes proches ? Est-il source de solidarité ? Est-ce que je cherche une identité fictive à travers cet objet ?
> 3. La liberté dans la décision : Suis-je conditionné par des facteurs publicitaires ou d'acceptation sociale ?
> 4. La responsabilité dans l'action : Après avoir réfléchi à mon projet d'achat, je décide et j'agis. J'achète ou je n'achète pas. Ce n'est pas plus compliqué que cela.

La temporalité fragmentée

Vivre une temporalité fragmentée est une autre conséquence des valeurs de la modernité. Notre vie quotidienne s'exprime dans une constante référence au temps : nous avons des calendriers, des montres, des agendas, nous nous souvenons d'« autres temps » et nous planifions le futur. Il existe cependant un paradoxe : nous avons le sentiment de contrôler le temps et en même temps il nous apparaît comme énigmatique et fuyant. Saint Augustin le disait déjà : « Qu'est-ce donc que le temps ? Si personne ne me le demande, je le sais ; si je cherche à l'expliquer à celui qui m'interroge, je ne le sais plus [58]. »

« Je suis pressé », « je n'ai pas vu le temps passer », « les dernières heures de travail m'ont paru une éternité » sont des expressions fréquentes qui indiquent que le temps ne s'écoule pas de façon linéaire et toujours égale dans nos vies. Durant notre existence le temps se dilue. Au fond, la vie, l'âme et le temps sont des concepts qui forment un maillage. Saint Augustin nous explique que le temps est une distension, une extension de l'âme : « Et ceci m'a amené à la conclusion que le temps n'est rien d'autre qu'une distension. Mais la distension de quoi ? Je l'ignore. Il serait surprenant que ce ne fût pas une distension de l'esprit lui-même [59]. » D'après l'évêque d'Hippone, notre esprit est sans cesse tendu vers le passé, le présent et l'avenir.

Nous voulons ici nous demander si la façon de vivre le temps de l'homme moderne ne contribue pas à l'usure professionnelle. Comment l'homme de la postmodernité expérimente-t-il le temps vécu ? Quelle relation y a-t-il entre l'expérience collective d'une époque frénétique et le burn out ?

(58) Saint AUGUSTIN, *Les Confessions,* XI, 22, 28.

(59) *Ibid.,* XI, 26, 33. *Distentionem* signifie étymologiquement : « tendre vers des sens opposés ». Par conséquent, pour saint Augustin, la distension de l'âme serait une extension de soi en attente, en attention et en mémoire.

Viktor Frankl s'est confronté à la phénoménologie du temps humain et à sa psychopathologie. Nous pouvons trouver une bonne synthèse de sa pensée sur ce thème dans une conférence qu'il a présentée à Innsbruck, en 1947 [60]. Frankl propose ainsi de fonder la certitude du sens de la vie dans le temps passé, que lui considère comme éternel, ineffaçable et par conséquent non transitoire. Dans ce passé nos choix de sens demeurent inscrits dans l'action, la contemplation ou la souffrance vécue dans la dignité. Pour se faire comprendre il utilise une image très claire, celle d'un sablier, dans lequel le sable qui est tombé dans la partie inférieure restera pour toujours, alors que celui de la partie supérieure pourra tomber ou non. Cette solidité du passé par rapport au futur reflète « l'optimisme du passé ». Frankl avait l'habitude de dire : « L'"avoir été" est une forme d'"être", la plus sûre » et à partir de là il affirmait que la précarité de l'existence, et la mort elle-même, n'enlève pas son sens à la vie.

Cette vision des choses permet même de donner du sens aux personnes en fin de vie ou à celles qui encore jeunes renoncent à vivre. Malgré le caractère transitoire et la précarité que confère à la vie une mort imminente, l'évocation des moments de plénitude vécus dans le passé offre à ces patients une certitude de sens, de gratitude et de sérénité.

Vivre en créant dans le présent une histoire éternelle et en étant ouvert à un futur riche en possibilités est une manière sage de vivre le temps. Mais sans prétendre être exhaustif,

---

(60) D'après Viktor Frankl, « Temporalidad y mortalidad : un ensayo antológico », in *Psicoterapía y humanismo,* Fondo de Cultura Económica, Mexico D.F. 1992, pp. 113-125.

voyons quelques éléments caractéristiques de l'expérience vécue du temps dans notre culture postmoderne [61] :

1. L'intérêt des hommes de la culture postmoderne s'est focalisé sur le temps instantané, nous vivons dans l'immédiateté. Le stroboscope dans une discothèque avec ses phases rapides de lumière et d'obscurité est une bonne image de ce temps fragmenté. On peut établir un rapport entre cette expérience temporelle et le consumérisme que nous avons préalablement analysé. La vertu ne repose plus sur la permanence, comme pour les anciens, mais plutôt sur la capacité de changement et d'adaptation à un temps mouvant et précaire. Il n'existe pas de travail stable, et on ne peut même pas garantir qu'un jeune travaillera toute sa vie dans le même genre de travail pour lequel il a été formé. La précarité domine le monde du travail.

2. On fait une nouvelle expérience du temps et des âges du corps. Nous ne pouvons pas éviter la mort mais nous pouvons la repousser en suivant les conseils des médecins qui nous garantissent une vie plus longue à partir du moment où nous ne fumons pas, où nous avons une activité physique, où nous surveillons notre taux de cholestérol et mangeons des fibres. Nous savons que nous avons un certain contrôle sur notre capital « jeunesse », grâce à la nouvelle spécialité audacieusement appelée « médecine anti-âge ». D'un point de vue de l'éthique et des choix de vie, les conséquences du phénomène sont importantes.

(61) Cf. Nicole AUBERT, in « L'individu hypermoderne : vers une mutation anthropologique? », revue *Sciences Humaines,* n° 154, novembre 2004, p. 38.

Les choix forts et irrévocables (vocation, profession, style de vie, mariage, etc.) s'évaporent dans les infinies possibilités offertes d'une éternelle jouvence. Dans les relations de travail, le fait de rester jeune plus longtemps augmente la compétitivité intergénérationnelle et on perd la valeur corrélative de la complémentarité. Les experts d'un certain âge se désintéressent des jeunes, et les jeunes, qui paradoxalement se sentent pressés par le temps, travaillent avec frénésie pour remplacer « les vieux ». L'aide intergénérationnelle, ressource optimale dans la prévention du burn out sur le lieu de travail, s'appauvrit.

3. Autre phénomène, nous ne nous sentons plus esclaves du temps, dont le pouvoir était autrefois représenté par la sirène de l'usine ou la cloche de l'église. Nos horaires de travail tendent à se flexibiliser. La prétendue maîtrise du temps conduit nos contemporains à le distordre pour en profiter au maximum. Paradoxalement, cette liberté génère un nouvel esclavage, entretenu par un sentiment obsessionnel de culpabilité quand le temps n'est pas employé au maximum. Nos agendas n'ont pas de place pour un moment de loisir. Pour Aristote il existe une hiérarchie entre repos, travail et loisir. Le repos dépend du travail qui lui-même dépend du loisir, le temps le plus important en définitive pour le philosophe. D'après lui le loisir consistait en quelque chose comme la « culture de l'esprit ». Quelle ne serait pas la surprise d'Aristote à la vue de nos agendas, il se demanderait sans doute pourquoi nous travaillons autant.

4. En conséquence, l'homme postmoderne a oublié la vertu traditionnelle de prudence et de juste mesure liée au temps, et se sent bien dans l'excès. Toxicodépendance, sports

à haut risque, boulimie et anorexie nerveuse, activisme et dépendance au travail sont quelques-uns des syndromes cliniques de cette tendance. Ces excès sont motivés par le désir de « profiter au maximum » du temps et de ce qu'il peut nous offrir.

Expérience temporelle postmoderne

1. Vivre dans l'immédiatcté.
2. Rester toujours jeune.
3. Rentabiliser le temps.
4. Être le plus actif possible.

En résumé, cette tendance collective à diviser le temps en petites parcelles et à le vivre intensément de manière déconnectée de l'expérience passée et des perspectives futures, collabore sans aucun doute à cette culture à deux faces : l'activité frénétique d'un côté, et la dépression et le burn out de l'autre.

La fragmentation de l'expérience temporelle empêche aussi de rattacher les maillons des temps vécus pour construire une histoire, complète ou partielle. Vivre dans un présent détaché du passé et du futur ne permet pas d'établir l'identité de l'*avoir été* qui pour Frankl est une forme d'être certaine. En outre, les histoires se renforcent dans le récit communautaire.

La *fast life* de nos villes occidentales – et d'ailleurs –, caractérisées par l'activité frénétique et vide, crée une autre difficulté : nous ne disposons pas de temps passé en commun, nécessaire pour construire le récit communautaire. La flexibilité du travail réduit le temps passé ensemble en famille. Dans toute famille quelqu'un travaille le dimanche, la nuit, ou tantôt de nuit, tantôt de jour ou encore est amené à voyager. Si on ajoute à cela les heures de trajet pour se rendre à son travail, qui dans les grandes villes sont conséquentes, le temps familial commun devient infime. Le récit et la relation se diluent parallèlement.

COMMENT RÉSISTER AUX DÉSASTREUSES CONSÉQUENCES DE LA FRAGMENTATION TEMPORELLE ?

Nous pouvons suivre deux chemins :

1. Vivre le présent de façon créative, en étant connectés à notre passé et ouverts au futur comme un temps d'espérance et de sens.

2. Préserver le temps de la rencontre et du récit. Racontons notre propre histoire, nos anecdotes, écoutons toutes les histoires possibles ; il s'agit d'une forme sublime de rencontre dans le temps présent et grâce au temps vécu. Ces moments de récit communautaire suscitent de la confiance dans le futur. Si nous nous en sommes sortis avec brio dans le passé, ayons bon espoir que nous réitérerons l'exploit dans le futur.

Les névroses collectives

Qu'ont en commun les « sinistres complications » d'une culture qui perd le sens des choses avec le consumérisme et le temps fragmenté ? Pouvons-nous ajouter à la liste des sinistres complications les dépendances affectives, le travail, l'alcoolisme, les troubles alimentaires et le climat de violence familial et social ? Le retour d'une foi travestie en superstition et celui de gourous pseudo-scientifiques à la recherche d'adeptes ? Qu'y a-t-il derrière tous ces phénomènes ?

Le dénominateur commun est que tous ces comportements peuvent être interprétés comme une fuite qui nous éloigne de l'angoisse et du malaise et qui procure ce que Viktor Frankl a appelé le *vide existentiel*. Ou dans le meilleur des cas, c'est la tentative, par différents chemins, d'étourdir cette souffrance. Ce sont les mécanismes de défense avec lesquels nous prétendons « remplir » le vide existentiel.

Comment le définit-on ? Il s'agit d'un vide intérieur qui s'ouvre devant la constatation, consciente ou non, que notre existence manque de but et de sens. L'existence, privée de l'horizon des valeurs et des objectifs, semble aberrante. Ce phénomène est vécu par la majorité des personnes de façon latente, c'est-à-dire non consciente. L'alcoolique a honte de ce qu'il prend pour un vice, le dépendant affectif croit qu'il est simplement un passionné et le hooligan violent ressent seulement la nécessité de se défouler à cause des multiples injustices subies. Peu de personnes souffrent de manière consciente du vide existentiel, l'immense majorité le manifeste à travers des symptômes collatéraux comme ceux qui ont été décrits. Une minorité, que j'appellerais « les très bons Samaritains », l'affronte sans détour mais il s'agit alors d'un vide existentiel « souffrant », dont nous parlerons plus loin (cf. pp. 167-168).

Les différentes manifestations psychopathologiques de masse du vide existentiel forment ce que Frankl a appelé la *névrose collective* de par son caractère universel. Selon lui, les névroses collectives se manifestent par quatre attitudes existentielles désaxées propres à la modernité :

1. L'attitude *provisoire* [62] face à la vie, sur laquelle nous nous sommes spécialement arrêté en parlant du temps fragmenté.

2. L'attitude *fataliste* dont nous avons vu qu'elle faisait aussi partie du syndrome du burn out.

3. La *pensée collectiviste,* décrite par Frankl de la façon suivante : « Si, sous l'angle de ces deux attitudes existentielles que sont l'attitude provisoire et l'attitude fataliste, l'homme cesse de comprendre la situation dans laquelle il vit, les deux autres symptômes d'une pathologie de l'esprit de l'époque apparaissent clairement : l'homme n'est plus guère capable de saisir ce que veut dire être une personne, c'est-à-dire de comprendre qui il est et qui sont les autres en tant qu'êtres humains. Il tient surtout à ne pas se faire remarquer, il voudrait disparaître dans la masse, se fondre en elle, En réalité, il se perd en elle, renonce à lui-même, et ce en tant qu'être libre et responsable [63]. »

4. Le *fanatisme.* « L'individu qui adopte une attitude collectiviste ne tient aucun compte de sa propre personne. Mais le fanatique ne tient aucun compte non plus de la personnalité de l'autre, de celui qui pense de manière différente. Il n'admet pas que l'on pense différemment de lui, sa propre opinion étant la seule chose qui lui importe [64]. »

---

(62) Le terme « provisoire » est déjà employé par les psychiatres pendant la Seconde Guerre mondiale pour désigner la vie passée dans les camps de concentration [NdT].

(63) D'après Viktor Frankl, *Theorie und Therapie der Neurosen : Einführung in Logotherapie und Existenzanalyse,* Taschenbuch, UTB, Stuttgart 2007, p. 187.

(64) *Ibid.,* p. 188.

Ces quatre attitudes de la névrose collective traduisent la peur de la liberté et la fuite de la responsabilité qui selon la proposition franklienne signifie la perte du contact de la personne avec son être spirituel et celui des autres.

Dans ce que l'on appelle le malaise des jeunes la frustration existentielle se manifeste de trois manières : dépendance aux substances, violence et suicide. Dans une conférence à Santiago du Chili, Frankl a décrit les circonstances qui lui ont permis de mettre en évidence ces symptômes, et il les a regroupés dans ce qu'il a appelé le *syndrome du taxi :*

> Un jour on m'a invité à une université à Atlanta, en Géorgie, pour donner une conférence intitulée « La nouvelle génération est-elle devenue folle? » Une fois là-bas j'ai pris un taxi pour aller à l'université et le chauffeur m'a demandé pourquoi je m'y rendais. « Je viens d'arriver de Vienne et je dois donner une conférence. – Sur quel thème est votre conférence? – La nouvelle génération est-elle devenue folle? » lui ai-je répondu. Il s'est mis à rire et je lui ai proposé la chose suivante : « Moi, je me charge de votre taxi et vous de la conférence. » Il a dit : « Oui, je pourrais le faire. » Je lui ai demandé : « Dites-moi une chose : cette nouvelle génération est-elle devenue folle? – Bien sûr. – Pourquoi? – Parce qu'ils se suicident, s'entretuent et, en troisième lieu, ils consomment de la drogue. » En une seule phrase il avait synthétisé la névrose collective du moment : la dépression, l'agression et l'addiction aux drogues. J'ai découvert que la véritable origine de

> tout cela est une sensation de perte de sens. Les gens ont recours à la drogue, se suicident et commettent des crimes. Je ne prétends pas dire que tous les cas de suicide ou tentatives de s'ôter la vie sont dus à une perte de sens; mais je sais effectivement que si quelqu'un doit faire face à des difficultés, des conflits familiaux, au chômage ou à n'importe quelle crise dans la vie, il court le risque de se suicider s'il n'a pas d'argument pour aller de l'avant. Quand elle considère le suicide, la personne se dit en définitive : « Pourquoi pas? Rien ne m'en empêche. » Pourtant, s'il y a un sens et si elle se sent responsable, elle préférera aller de l'avant [65].

Je veux ajouter à la psychopathologie des temps modernes, décrite par Frankl, une conséquence directe du vide existentiel : la solitude improductive et non désirée. Pendant l'été 2003 une vague de chaleur s'est abattue sur l'Europe. Cette canicule a déclenché une urgence sanitaire; beaucoup, parmi les populations les plus fragiles comme les personnes âgées et les malades, sont morts par déshydratation. Le phénomène s'est particulièrement manifesté en France, où des centaines de personnes âgées décédées ont fini à la morgue des hôpitaux, dans l'attente qu'un parent les identifie et procède à leur sépulture. Mais leurs proches étaient en vacances. Le président Chirac, revenu

(65) Conférence prononcée à Santiago du Chili par Viktor Frankl, le 23 mai 1991, qui était invité par l'université Gabriela Mistral, et publiée dans *El Mercurio,* le 2 juin 1991.

de son repos estival, a condamné le manque de solidarité intergénérationnelle dans la population française. Ce qui s'est produit montre sans faux-semblant cette épine au sein de la société, la solitude et l'isolement, qui s'observe non seulement parmi les personnes âgées mais aussi au cours de toutes les phases de la vie, à quelques nuances près. Une épine plantée dans la chair de notre société. Maria Zambrano parle d'une société sans répit, inquiète, confuse et désemparée et finit par dire : « Nous sommes aussi seuls parce que nous sommes terriblement inquiets et confus [66]. »

Nous sentir seuls est le grand symptôme du vide existentiel et révèle que la dépersonnalisation propre au collectivisme ou à l'individualisme, les temps fragmentés de l'existence et le consumérisme fragilisent la plus grande richesse que nous possédions : les relations interpersonnelles. Le vide est un vide des autres, l'âme est dépeuplée d'amis, d'amours, d'affection.

Une loi physique dit que tout vide tend à se remplir. Mais attention, nous avons déjà vu qu'on peut le remplir avec des dépendances, des mensonges et des illusions. Que devons-nous faire face à la dilatation du vide existentiel ? Heidegger faisait déjà remarquer qu'il n'avait pas pu la vaincre. Il ne nous reste qu'à regarder ce vide en face et à le supporter debout, jusqu'à ce que ce qui se présentera pour le remplir soit digne de notre état de personne en relation. La métaphore de la lumière nous fait concevoir le vide comme une obscurité, une nuit. Les mystiques du

(66) D'après Maria ZAMBRANO, *Hacia un saber del alma,* Losada, Buenos Aires 2005, pp. 91-114.

Siècle d'or espagnol l'appelaient la *nuit obscure.* Celui qui est en prière dans le Psaume 56 nous invite à avoir un cœur rassuré :

> Le cœur rassuré, mon Dieu,
> le cœur rassuré [...]
> je vais réveiller l'aurore (Psaume 56,8-9).

Chapitre 5

LA GUÉRISON DE L'ÂME « USÉE »

« Les Apôtres se réunissent auprès de Jésus et lui rapportèrent tout ce qu'ils avaient fait et tout ce qu'ils avaient enseigné. Il leur dit : "Vous autres, venez à l'écart dans un lieu désert et reposez-vous un peu." Car il y avait beaucoup de monde qui venait et repartait et eux n'avaient pas même le temps de manger. Ils partirent en barque vers un lieu désert, à l'écart » (Marc 6,30-31).

L'issue spirituelle

> « À une époque comme la nôtre, où le malheur est suspendu sur tous, le secours apporté aux âmes n'est efficace que s'il va jusqu'à les préparer réellement au malheur. Ce n'est pas peu de chose [67]. »
>
> Simone WEIL

Je voudrais vous partager certains textes qui m'ont été très précieux quand je les ai découverts dans une période où moi aussi j'étais proche du burn out. Psychiatre depuis dix ans, surchargé de travail et au cœur de conflits relationnels, je commençais à ressentir les premiers symptômes de l'épuisement professionnel quand j'ai eu la grande chance de tomber sur ces textes. Je vous les partage comme un cadeau.

La philosophe Simone Weil (1909-1943) a été selon moi l'un des penseurs les plus lucides du siècle dernier. Elle considérait qu'une personne n'était complète que si elle

(67) Simone WEIL, « L'amour de Dieu et le malheur », in *Attente de Dieu,* La Colombe-Éditions du Vieux Colombier 1950, p. 128.

pouvait travailler à la fois manuellement et intellectuellement, et comme elle ne concevait pas de ne pas mettre en application ses pensées, elle a abandonné l'enseignement de la philosophie et est allée travailler comme simple ouvrière dans une usine Renault. Elle a aussi fait les vendanges dans les vignobles marseillais. Au cours de ces expériences, avec son empathie radicale, elle partage la souffrance des travailleurs agricoles et métallurgiques. Elle dira plus tard : « J'ai reçu là pour toujours la marque de l'esclavage, comme la marque au fer rouge que les Romains mettaient au front de leurs esclaves les plus méprisés. Depuis je me suis toujours regardée comme une esclave [68]. »

Pendant la Semaine sainte de 1938 elle vit une originale et brève expérience mystique de dialogue avec le Christ, qui sera le fondement de sa théologie. Simone Weil fera de la souffrance humaine le noyau de sa propre théologie. Elle voit dans le Christ le signe authentique d'une religion : un Dieu à l'image de la condition humaine. Dans son anthropologie religieuse la souffrance marque de manière audacieuse la supériorité de l'homme sur Dieu, et elle croit que l'incarnation a été nécessaire pour que cette supériorité ne soit pas scandaleuse. Son rapprochement du catholicisme se produit à travers l'amitié de quelques prêtres, mais elle n'ira pas jusqu'au baptême, elle choisit une fois de plus le chemin du déshérité : « Je reste aux côtés de toutes les choses qui ne peuvent pas entrer dans l'Église [69]. »

(68) Simone Weil, Lettre IV (« de Marseille, 15 mai environ »), in *Attente de Dieu,* op. cit., p. 71.
(69) Simone Weil, Lettre IV, op. cit., p. 84.

Dans son essai « L'amour de Dieu et le malheur » que je vous invite à lire, elle décrit avec une grande profondeur sa pensée. Je suis convaincu que ce *malheur,* cette marque d'esclavage dont parle la philosophe est une description du burn out en tant qu'expérience spirituelle.

En effet, comme nous l'avons vu, le burn out naît d'une perte de la valorisation de la personne dans son travail qui aboutit au vide existentiel. Or Frankl dit : « C'est seulement à partir d'une valeur absolue, à partir d'une personne absolument précieuse, à partir de Dieu, que les choses acquièrent de la valeur [...] dans toute évaluation nous sommes conscients, de manière tacite, de la personne absolument précieuse, nous présupposons toujours l'arbitre divin [70]. » Ainsi, la perte de sens chez la personne et dans son travail reflète la perte inconsciente de la valeur absolue. Et si nous poussons notre raisonnement jusqu'au bout, ne pourrait-on pas dire que la perte de sens chez la personne atteinte de burn out manifeste l'absence de la perception de Dieu dans l'âme ? Dans les racines du burn out, il y aurait donc une perception floue de Dieu.

Dans son essai déjà cité Simone Weil écrit : « Le malheur rend Dieu absent pendant un temps, plus absent qu'un mort, plus absent que la lumière dans un cachot complètement ténébreux. Une sorte d'horreur submerge toute l'âme. Pendant cette absence il n'y a rien à aimer [71]. »

---

(70) D'après Viktor Frankl, *Der leidende Mensch,* op. cit.

(71) Simone Weil, « L'amour de Dieu et le malheur », op. cit., p. 127.

Il s'agit là d'une extraordinaire définition mystique du vide existentiel « souffrant ».

Alors, comment procéder pour que l'âme ne meure pas dans le cachot de l'absence du sens ultime, dans ce lieu où rien n'a assez d'importance et de dignité pour mériter d'être apprécié et aimé. Pour Simone Weil, l'homme dans le malheur doit malgré tout ne jamais cesser d'aimer. Écoutons-la : « Ce qui est terrible, c'est que si, dans ces ténèbres où il n'y a rien à aimer, l'âme cesse d'aimer, l'absence de Dieu devient définitive. Il faut que l'âme continue à aimer à vide, ou du moins à vouloir aimer, fût-ce avec une partie infinitésimale d'elle-même. Alors un jour Dieu vient se montrer lui-même à elle et lui révéler la beauté du monde, comme ce fut le cas pour Job. Mais si l'âme cesse d'aimer, elle tombe dès ici-bas dans quelque chose de presque équivalent à l'enfer [72]. »

> Il faut que l'âme ne cesse jamais d'aimer.

Ce texte de Simone Weil est riche d'enseignement pour accompagner spirituellement les personnes victimes de burn out, et nous éloigne du danger de vouloir remplir le vide par ses propres forces. La Transcendance, Dieu, extérieur au vide de l'homme, a la volonté de le remplir. Il reste à l'homme cette seule responsabilité : aimer, même si c'est avec une volonté dérisoire, et espérer que Dieu se montre à lui un jour. En ce sens Simone Weil pense que le Christ crucifié est l'exemple même de celui qui se trouve devant

(72) Simone Weil, « L'amour de Dieu et le malheur », op. cit., pp. 127-128.

un vide infini et espère qu'il sera rempli par celui qui le peut, c'est-à-dire le Père. Loin de Lui les fausses illusions et les mensonges qui agissent comme des échappatoires et masquent le tragique de ce vide.

Le secret du père Vilson

Il y a quelques années j'ai eu la joie de partager plusieurs jours avec le père Vilson, un prêtre brésilien, proche de la théologie de la libération, engagé dans les communautés ecclésiales de base. Dans les années 1960, sous le regard suspicieux des autorités civiles et ecclésiales il avait accompagné l'occupation par les travailleurs sans terre des *morros,* les hautes terres de Florianópolis. C'est ainsi que sont nées les *favelas,* ces installations précaires qui entouraient les villes touristiques. Le père Vilson a travaillé de longues années dans l'urbanisation et l'organisation sociale en créant des écoles, des centres de santé, des chapelles et des maisons de quartier. Actuellement, il vit et travaille toujours dans les *favelas* de Florianópolis, supervisant une soixantaine de projets qui mettent l'homme au centre : des maisons pour accueillir des garçons et des filles victimes d'abus, plusieurs programmes éducatifs pour adolescents violents sortis des cartels de la drogue, des centres de santé, des écoles, etc. Il est aussi curé et à la demande de son évêque il veille également au bien-être physique et spirituel des prêtres du diocèse.

Ceux qui travaillent avec lui le décrivent comme quelqu'un qui a la foi chevillée au corps. Serviteur et toujours en mouvement, il incarne la parole de l'Évangile : « [...] j'ai eu faim et vous m'avez donné à manger : j'ai eu soif et vous m'avez donné à boire... » (Matthieu 25,35).

J'ai eu la chance de partager quelques jours dans sa petite maison de la *favela,* d'environ 40 mètres carrés. Il n'a pas hésité un instant à me donner son lit et, en fin gourmet, il a préparé lui-même les repas. Sa porte toujours ouverte donnait sur un couloir de la *favela* et des gens passaient constamment le voir, aussi bien des personnes de son voisinage que des personnalités du monde universitaire, politique et du monde de l'entreprise, intéressées par son travail.

À 60 ans et si son corps fatigué est celui d'un homme qui a passé de nombreuses nuits sans dormir, ses yeux, son sourire sont ceux d'un novice ! Une telle personnalité a évidemment suscité ma « curiosité scientifique ». Pourquoi cet homme n'a-t-il pas perdu sa ferveur initiale ? Pourquoi ne décèle-t-on pas chez lui des signes avant-coureurs de burn out ou au moins de pré-burn out ? Quel est son secret ? Je lui ai parlé de mon projet de livre et je lui ai demandé de me dire à brûle-pourpoint, en quelques mots, trois raisons pour lesquelles il travaille autant et semble ne jamais se fatiguer !

Il m'a tout de suite répondu qu'il s'agissait d'une raison mystique, c'est-à-dire mystérieuse et spirituelle, et par conséquent difficile à exprimer par des mots.

« D'abord, m'a-t-il dit, *je vis un jour à la fois* et chaque matin, pendant la prière, je me mets d'accord avec Jésus pour que toutes les difficultés et les souffrances que je rencontrerai dans la journée soient l'occasion d'une relation directe avec

Lui. C'est-à-dire que les obstacles me rappelleront, dans le sens le plus large du terme – *recordar,* "rappeler", signifie *revenir au cœur* –, son expérience sur la croix. J'ai enfin une organisation décentralisée et des collaborateurs nombreux et variés qui se sont peu à peu très bien formés. Et je fais une entière confiance aux personnes à qui je délègue des responsabilités. » J'en ai été témoin. En effet, durant notre conversation le père Vilson a reçu plusieurs appels sur son téléphone portable. Ses réponses ont été brèves, indiquant à ses interlocuteurs quelle était la personne en charge de tel ou tel projet et donnant son numéro de portable. Une fois qu'il avait raccroché, il semblait ne plus s'en soucier et reprenait l'esprit libre et tranquille ce qu'il était en train de faire avant l'appel, à savoir répondre ce matin-là à mes questions.

> Le secret du père Vilson
>
> Chaque matin choisir d'accueillir chaque contrariété de la journée en fixant la croix du Christ.
> Vivre un jour à la fois.
> Déléguer.

Messages d'un survivant des camps de concentration pour surmonter le burn out

« L'essentiel de la vie c'est la fidélité à ce que l'on croit, à son destin, qui se révèle dans les moments décisifs, aux croisées des chemins qui sont difficiles à supporter, mais qui nous ouvrent de grandes perspectives. Unis

> dans le dévouement aux autres et dans le désir absolu d'un monde plus humain, résistons. Cela suffira pour attendre ce que la vie nous réserve [73]. »
>
> Ernesto SABATO

Dans le deuxième chapitre de ce livre nous avons présenté la logothérapie et son fondateur, Viktor Frankl en citant son livre autobiographique : *Découvrir un sens à sa vie.* En tant que témoignage ce livre a de profondes analogies avec *Les Confessions* de saint Augustin.

Viktor Frankl prévient dans le prologue qu'il ne prétend pas relater toutes les atrocités commises dans les camps de concentration, car il existait déjà de nombreux travaux à ce sujet. Son intention est plutôt de décrire « la liste interminable des terribles tourments quotidiens », ou dit en d'autres termes : le quotidien du prisonnier lambda. Il laisse aussi de côté les bassesses ou les actes héroïques pour parler de l'homme ordinaire confronté à une telle épreuve de survie.

Il y a quelque chose d'universel dans la souffrance qui fait que ceux qui la subissent se trouvent en communion profonde au-delà des causes multiples des souffrances physiques, morales ou spirituelles. C'est pour cela que le livre de Frankl a apporté soutien et réconfort à d'innombrables personnes en souffrance, et chez bon nombre d'entre elles il a provoqué un changement d'attitude. En effet, ces personnes ont cessé de se sentir victimes pour devenir des promoteurs des droits de l'homme. Dans les archives

(73) D'après Ernesto SABATO, *La Résistance,* op. cit.

de la maison de Frankl à Vienne, des dizaines de milliers de lettres adressées au professeur attestent de la gratitude de ces personnes. Les mots de Frankl sont un message d'espoir et proposent un chemin de thérapie spirituelle. Ils sont comme un baume sur des brûlures modernes. Je vais donc essayer humblement de vous partager quelques pépites de sagesse issues de l'expérience qu'a vécue le prisonnier numéro 119.104, de proposer les principes de la logothérapie comme chemin de prévention du burn out.

Rappelons d'abord quelques dates. En septembre 1942, sa famille est arrêtée et déportée au camp de Theresienstadt en Bohême où son père va mourir de faim. En 1944, Viktor et son épouse Tilly sont acheminés à Auschwitz. À peine arrivé au camp, le manuscrit de son livre *Ärztliche Seelsorge* lui est arraché. Sa mère et son frère, arrivés plus tard, y perdront la vie.

Frankl est encore transporté dans deux autres camps près de Dachau, Kaufering et Türkheim. En avril 1945 les camps sont enfin libérés.

Au camp de Türkheim, comme beaucoup d'autres détenus Frankl tombe malade du typhus. Pour ne pas succomber à une attaque cardio-vasculaire, il s'empêche de dormir la nuit et essaie donc de reconstruire son livre par des notes en sténo sur de petits bouts de papier (un petit crayon et des formulaires SS furent volés par un compagnon de camp et offerts à Frankl pour son quarantième anniversaire).

Dès ses premiers jours en camp Frankl étudie minutieusement les réactions des déportés sans jamais dévoiler son métier aux autorités.

Ainsi, nous étions tous impatients de savoir quelles seraient les conséquences de notre séjour à l'extérieur du bâtiment, où les SS nous avaient envoyés alors que nous étions complètement nus et encore mouillés et qu'on était au seuil de l'hiver. Les jours suivants, notre curiosité fit place à de l'étonnement : celui de ne pas avoir pris froid.

Auschwitz réservait des surprises infinies aux nouveaux venus. Ceux qui parmi nous étaient médecins apprirent avant toute chose que les manuels scolaires disent des mensonges! On dit que l'être humain ne peut se passer d'un certain nombre d'heures de sommeil. C'est faux! J'avais été convaincu jusque-là que certaines choses m'étaient impossibles. Je ne pouvais dormir sans ceci ou vivre sans cela. Le premier soir, nous dormîmes dans des lits disposés par étages. Chaque étage (mesurant de deux à trois mètres de large) contenait neuf hommes obligés de dormir à même les planches et de se partager deux couvertures. Nous pouvions bien entendu dormir sur le côté, blottis les uns contre les autres, ce qui nous mettait relativement à l'abri du froid. Bien qu'il fût strictement interdit de garder ses chaussures, certains prisonniers s'en servirent en guise d'oreillers, même si elles étaient raidies par la boue. Autrement il fallait se nicher la tête contre un bras pratiquement disloqué. Pourtant, nous finîmes par nous endormir et oublier nos tourments.

Il nous arrivait à certains moments d'être étonnés de ce que nous étions capables d'endurer : nous n'avions pas la possibilité de nous brosser les dents, et pourtant, malgré cela et un manque presque absolu de vitamines, nos gencives étaient plus saines que jamais. Nous n'avions d'autre choix que d'enfiler, de jour en jour, les mêmes chemises, de sorte qu'au bout de six mois celles-ci tombaient en loques. Pendant plusieurs jours d'affilée, nous ne disposâmes d'aucun moyen de nous laver, même partiellement, car les conduites d'eau étaient gelées, et pourtant les plaies qui recouvraient nos mains salies par le travail ne suppuraient pas (sauf si nous avions des engelures). Quant à ceux qui avaient le sommeil léger et que le moindre bruit réveillait, ils dormaient maintenant profondément malgré les ronflements sonores de leur voisin.

Le grand écrivain russe Dostoïevski prétendait que l'être humain peut s'habituer à tout. Si, aujourd'hui, on nous demandait notre avis, nous répondrions : « Oui, l'être humain peut s'habituer à tout, mais ne nous demandez pas comment [74]. »

> Face à l'angoisse et au stress essayez de prendre de la distance et du recul. Évaluez ce dont vous êtes capable. Vous serez sûrement surpris.

Presque tous les prisonniers entretenaient l'idée de se suicider, ne fût-ce que par intermittence. Car leur situation semblait désespérée, et la perspective d'une mort prochaine se présentait constamment à leur esprit. La mort rôdait partout, et la pensée de tous

(74) Viktor Frankl, *Découvrir un sens à sa vie,* op. cit., pp. 31-32.

ceux qui avaient déjà disparu était parfois intolérable. En raison de certaines convictions personnelles dont je parlerai plus tard, je me suis juré, le jour de mon arrivée, de ne jamais « me jeter contre la clôture ». Dans le camp, cette expression désignait la façon habituelle de se suicider – c'est-à-dire toucher la clôture de fil de fer barbelé électrifiée [75].

Faites-vous la promesse que vous ne renoncerez pas, quoi qu'il arrive. Écrivez cet engagement, donnez-lui un caractère solennel. Mémorisez-le.

Il est normal de réagir anormalement à une situation anormale. Nous, les psychiatres, nous nous attendons à ce que les réactions d'un être humain à une situation anormale, comme être interné par exemple, soient anormales en proportion de la normalité de cet être humain. La réaction d'une personne, lorsqu'elle arrive dans un camp de concentration, semble procéder d'un état d'esprit anormal, mais, jugée objectivement, il s'agit d'une réaction normale et typique devant une situation à laquelle elle n'est pas préparée [76].

La situation de burn out est une situation anormale. Ne soyez pas surpris alors d'avoir des réactions étranges. Elles ne correspondent pas à votre véritable identité.

(75) *Ibid.*, p. 32.
(76) *Ibid.*, p. 34.

Attention, ne prenez pas de décisions définitives à partir de cette « anormalité ».

Les manifestations religieuses, au camp, étaient tout à fait authentiques. Les nouveaux venus étaient souvent frappés par l'intensité de la foi des prisonniers. Ils s'étonnaient d'entendre réciter des prières ou de voir célébrer des offices dans le coin d'une baraque, ou dans l'obscurité d'un camion à bestiaux qui ramenait les hommes en haillons au camp, des hommes gelés, affamés et épuisés après une longue journée de travail [77].

La foi se vérifie au creuset de la souffrance comme l'or dans celui du feu. Et pour certains l'épreuve est aussi l'opportunité de faire l'expérience de Dieu qui l'habite.

Je composais des discours, ou bien je reconstituais le manuscrit que j'avais perdu dans la salle de désinfection d'Auschwitz, griffonnant, en sténo, les mots-clés sur de petits bouts de papier [78].

Malgré le caractère primitif incontournable de la vie concentrationnaire, le prisonnier pouvait y mener une vie spirituelle très riche. Les êtres sensibles, dont la vie était auparavant entièrement consacrée à des activités intellectuelles, souffraient certes beaucoup (ils

(77) *Ibid.*, p. 46.
(78) *Ibid.*

étaient souvent d'une constitution plus délicate), mais leur vie intérieure en sortait pratiquement indemne. Grâce à elle, ils pouvaient échapper à l'enfer du camp et retrouver leur liberté spirituelle. Cela explique pourquoi les prisonniers d'une complexion moins vigoureuse étaient mieux équipés pour survivre aux conditions de vie du camp que les natures robustes [79].

> Ne vous souciez pas de votre fragilité physique, la force se trouve dans votre être spirituel.

Tandis que nous marchions, dérapant sur la glace, nous aidant mutuellement à nous relever, appuyés l'un sur l'autre, nous ne disions rien, mais nous savions que nous pensions à nos femmes. Je contemplais le ciel où les étoiles se couchaient et où on voyait déjà briller, derrière un banc de nuages noirs, la lumière du jour. Mon esprit était tout entier habité par le souvenir de ma femme. Je l'imaginais avec une précision incroyable. Je la voyais. Elle me répondait, me souriait, me regardait tendrement ; son regard était lumineux, aussi lumineux que le soleil qui se levait.

J'avais enfin découvert la vérité, la vérité telle qu'elle est proclamée dans les chants des poètes et dans les sages paroles des philosophes : l'amour est le plus grand bien auquel l'être humain peut aspirer. Je comprenais enfin le sens de ce grand secret de la poésie et de la pensée humaines : l'être humain trouve son salut à

(79) *Ibid.*, p. 47.

travers et dans l'amour. Je me rendais compte qu'un homme à qui il ne reste rien peut trouver le bonheur, même pour de brefs instants, dans la contemplation de sa bien-aimée. Lorsqu'un homme est extrêmement affligé, lorsqu'il ne peut plus agir de manière positive, lorsque son seul mérite consiste peut-être à endurer ses souffrances avec dignité, il peut éprouver des sentiments de plénitude en contemplant l'image de sa bien-aimée. Pour la première fois de ma vie, je comprenais le sens de cette parole : « Les anges sont perdus dans l'éternelle contemplation d'une gloire infinie [80]. »

Lorsque le détenu s'abandonnait à sa vie intérieure, il éprouvait, entre autres, un sentiment de gratitude vis-à-vis de la beauté de la nature. C'est grâce à cela qu'il oubliait parfois sa misère [81].

> Exercez votre imagination dans la contemplation de la beauté, de la sagesse, des personnes aimées, de la nature, de l'art. Éloignez-vous du monde stressant qui vous entoure grâce aux puissances contemplatives de l'esprit. Consacrez environ vingt minutes à cet exercice chaque jour.

Devant moi, un prisonnier avait trébuché, et ceux qui le suivaient tombaient sur lui. Les gardes s'étaient

(80) *Ibid.*, p. 48.
(81) *Ibid.*, p. 50.

jetés sur eux et leur donnaient des coups de fouet. Je fus ainsi distrait pendant quelques instants de mes pensées. Mais mon âme s'éloigna à nouveau de mon existence de prisonnier et je repris bientôt ma conversation avec ma bien-aimée. Je lui posai des questions et elle me répondit; elle me questionna à son tour et je lui répondis [82].

J'étais toujours accroché à l'image de ma femme. Une idée me vint à l'esprit : était-elle toujours en vie? Je ne savais qu'une chose : l'amour va bien au-delà de l'être physique. Il atteint son sens le plus fort dans l'être spirituel. Que la personne soit présente ou non semble avoir peu d'importance.
Je ne savais pas si ma femme était toujours en vie, et je n'avais aucun moyen de le savoir (nous ne pouvions ni envoyer ni recevoir de courrier); mais cela n'avait aucune importance. Je n'avais pas besoin de le savoir. Rien ne pouvait me détourner de mon amour, de mes pensées et de l'image de ma bien-aimée. Si l'on m'avait appris, à ce moment-là, qu'elle était morte, je ne crois pas que j'aurais cessé pour autant de contempler son image, ou que ma conversation avec elle aurait été moins vivante. « Pose-moi comme un sceau sur ton cœur, car l'amour est plus fort que la mort » (Cantique des cantiques 8,6) [83].

(82) *Ibid.*, pp. 48-49.
(83) *Ibid.*, p. 49.

La personne qui aime domine le monde. N'hésitez pas à aimer ceux que vous côtoyez dans le travail. Cette attitude vous rendra libre.

Nous travaillions un jour dans une tranchée. Tout était gris autour de nous : le ciel, la neige sur laquelle luisait la lumière pâle de l'aube, les haillons dont les prisonniers étaient couverts, leurs visages. Je conversais peut-être en moi-même avec ma femme, ou alors je m'interrogeais sur le sens de ma souffrance ou sur le pourquoi de cette mort lente. Tandis que mon être protestait de toutes ses forces contre l'imminence d'une mort injustifiée, je sentis que mon âme transperçait la grisaille et la mélancolie environnantes. Je sentis qu'elle transcendait ce monde sans espoir et dénué de sens, et j'entendis, quelque part au fond de moi-même, un oui victorieux en réponse à ma question concernant l'existence d'un but ultime [84].

Choisissez la vie! Dites oui à la vie!

On sait que l'humour aide à garder une certaine distance à l'égard des choses et qu'il permet de se montrer supérieur aux événements, ne fût-ce que pour quelques instants. Je m'étais ingénié à développer cette faculté chez un ami avec qui je travaillais sur un chantier de construction. Nous nous étions promis d'inventer au moins une histoire amusante par jour,

(84) *Ibid.*, pp. 50-51.

dont le sujet devait être basé sur ce qui allait nous arriver après notre libération [85].

N'hésitez pas à choisir l'humour!

Les détenus les plus « importants », les kapos, les cuisiniers, les magasiniers et les policiers, ne se sentaient pas diminués comme la majorité des prisonniers. Au contraire, ils avaient une conscience aiguë de leur position dans la hiérarchie du camp. Certains d'entre eux entretenaient même des illusions de grandeur. La réaction de la majorité envieuse et mécontente contre cette minorité favorisée se manifestait de plusieurs manières, et parfois par la plaisanterie [86].

Aux « idées de grandeur » d'un supérieur hiérarchique répondez par l'humour. Évitez la jalousie et les récriminations.

Ceux qui ont vécu dans les camps se souviennent de ces prisonniers qui allaient, de baraque en baraque, consoler leurs semblables, leur offrant les derniers morceaux de pain qui leur restaient. Même s'il s'agit de cas rares, ceux-ci nous apportent la preuve qu'on peut tout enlever à un homme excepté une chose, la dernière des libertés humaines : celle de décider de

(85) *Ibid.*, p. 53.
(86) *Ibid.*, p. 70.

sa conduite, quelles que soient les circonstances dans lesquelles il se trouve [87].

Soyez sûr que dans tout lieu malsain de travail se trouve toujours une personne qui prend des risques pour les autres. Le défi à relever est de la découvrir et de s'associer à elle.

Une vie active permet à l'homme de réaliser ses valeurs à travers un travail créatif, tandis que celui qui mène une vie passive et qui vit pour son plaisir peut faire l'expérience de la beauté, de l'art, ou de la nature. Mais il est également possible de poursuivre un but même si l'on n'éprouve aucun plaisir à vivre, même lorsqu'il n'y a aucune possibilité de libérer sa créativité et lorsque la vie ne permet qu'une seule possibilité : celle d'agir dans le sens de la morale, en appréhendant l'existence avec des considérations morales qui deviendront prioritaires. Le plaisir et la créativité sont alors interdits. Mais il n'y a pas que le plaisir et la créativité qui donnent un sens à la vie. Et si la vie a un sens, il faut qu'il y ait un sens à la souffrance. La souffrance, comme le destin et la mort, fait partie de la vie. Sans la souffrance et la mort, la vie humaine demeure incomplète [88].

(87) *Ibid.,* p. 73.
(88) *Ibid.,* p. 74.

> La façon dont un être humain accepte son sort et toute la souffrance que cela implique, la manière dont il porte sa croix, lui donnent amplement l'occasion – même dans les circonstances les plus difficiles – de donner un sens plus profond à sa vie. Il peut alors agir avec dignité, courage et désintéressement. Mais il peut aussi, dans sa terrible lutte pour survivre, manquer de dignité et se conduire comme une brute. L'homme, dans les camps, avait la chance de profiter ou non de ces occasions d'atteindre aux valeurs morales propres à la situation dans laquelle il était contraint de vivre. Il avait alors le choix d'être digne ou non de ses souffrances [89].

La souffrance n'est pas négative en soi. Ce qui est négatif c'est la souffrance qui ne trouve pas de sens. Donnons-lui un sens.

> Il lui [le prisonnier] était impossible de prédire quand son existence prendrait fin. Le mot latin *finis* a deux significations : but et fin. Un homme qui est incapable de prévoir la fin d'une « existence provisoire » est incapable de poursuivre un but. Il cesse de vivre en fonction de l'avenir, contrairement à un homme qui mène une vie normale. C'est la raison pour laquelle, dans les camps, toute la structure de la vie intérieure se modifiait [90].

(89) *Ibid.*
(90) *Ibid.*, p. 77.

Fixez-vous des buts réalisables dès maintenant. Et projetez-vous dans le futur.

Nous avons déjà parlé de cette tendance qu'avait le prisonnier à se pencher sur le passé afin de mieux supporter le présent horrible auquel il était voué. Mais il y avait un certain danger à priver le présent de sa réalité. Car on négligeait ainsi l'occasion, qui existait réellement, de tirer de la vie au camp des leçons positives [91].

Vivez le moment présent en plénitude. Il est toujours possible de réaliser quelque chose de positif n'importe où, à n'importe quel moment.

Ceux qui connaissent le rapport étroit qui existe entre l'état d'esprit d'un homme – son courage et son espoir (ou la perte de ce courage et de cet espoir) – et l'état d'immunité de son organisme comprendront qu'être privé d'espoir peut avoir sur lui un effet dévastateur ou même mortel. En dernière analyse, la mort de mon ami était due au fait qu'il n'avait pas été libéré ainsi qu'il s'y attendait. L'anéantissement de son espoir lui avait causé une terrible déception et ses capacités de résistance contre le typhus avaient été réduites à zéro. Sa foi en l'avenir et sa volonté de vivre avaient subi une sorte de paralysie et son corps avait fini par

(91) *Ibid.*, p. 78.

succomber à la maladie. La voix qu'il avait entendue dans son rêve avait été réellement prophétique [92].

> Ne vous fixez pas des buts qui ne dépendent pas de vous. N'exigez pas que tout change du jour au lendemain. Le futur ne nous appartient pas et la désillusion peut être dévastatrice.

Cette unicité, cette singularité qui caractérise chaque individu et qui donne un sens à sa vie influence autant le travail créatif que l'amour humain. Lorsqu'il se rend compte à quel point il est irremplaçable, un homme devient profondément conscient du fait qu'il est responsable de sa vie. Un homme qui réalise l'ampleur de la responsabilité qu'il a envers un être humain qui l'attend, ou vis-à-vis d'un travail qui lui reste à accomplir, ne gâchera pas sa vie. Il connaît le « pourquoi » de cette vie, et pourra supporter tous les « comment » auxquels il sera soumis [93].

> Vous êtes irremplaçable pour ceux qui vous aiment. Vous ne pouvez plus douter de l'importance de votre existence.

Un jour, peu après notre libération, je marchais à travers la campagne et les prairies en fleurs vers le petit village de commerçants qui se trouvait à quelques

(92) *Ibid.*, pp. 81-82.
(93) *Ibid.*, p. 85.

kilomètres du camp. Des alouettes s'envolèrent et j'entendis leur chant joyeux. Il n'y avait personne en vue ; j'étais seul, avec la terre, le ciel, la gaieté des alouettes et ma liberté nouvelle. Je m'arrêtai, je regardai autour de moi, puis vers le ciel, et je tombai à genoux. J'en savais très peu à ce moment sur le monde et sur moi-même. Je n'avais qu'une phrase en tête, toujours la même : De mon angoisse, j'ai crié vers Yahvé. Il m'exauça, me mit au large.
Je ne sais combien de temps je suis resté agenouillé, répétant cette phrase. Mais je sais qu'en ce jour, à cette heure, je commençai une nouvelle vie. Petit à petit, j'allais redevenir un être humain [94].

Soyez reconnaissant. Faites mémoire de tout ce que vous avez reçu et n'oubliez pas de montrer de la gratitude.

Un jour, je traversais un pré en direction du camp avec un ami lorsque nous nous arrêtâmes devant des terres cultivées. Je me mis automatiquement en devoir de les contourner, mais il me prit par le bras et m'entraîna à sa suite à travers la plantation. Je balbutiai qu'il ne fallait pas écraser les jeunes pousses avec les pieds. Il me lança un regard furieux et s'écria : « Qu'est-ce que tu racontes ! Et nous, on ne nous a pas écrasés ? Ma femme et mon enfant ont été gazés – sans compter le reste de ma famille – et tu oses me défendre de marcher sur quelques brins d'avoine ? »

(94) *Ibid.*, p. 94.

On n'avait d'autre recours, devant des réactions semblables, que de montrer au malheureux qui s'y livrait le chemin qui menait à cette vérité banale selon laquelle un homme n'a pas le droit de faire du mal, même s'il a subi quelque tort [95].

Soyez cohérent avec vos principes éthiques.

Relevons le défi de la vie

Les mots percutants de Frankl, écrits après avoir surmonté l'abîme de la haine et de la déshumanisation, résonneront sans doute toujours en celui qui les a lus.

Le lecteur qui a eu la patience de nous accompagner jusqu'à la fin de l'ouvrage a compris l'importance de la question du burn out des bons Samaritains, et a acquis à présent quelques outils pour lui faire face. Nous avons vu comment la psychologie cognitive et la psychologie du travail proposent des ressources pertinentes.

Notre étude du burn out nous a aussi amené à appréhender ses dimensions culturelles et environnementales. La critique du consumérisme, de la compétitivité, du carriérisme et de l'exigence excessive de productivité nous a fait comprendre ce qui est en jeu dans la société postmoderne : la déshumanisation de l'homme et de ses relations à travers d'innombrables mécanismes pervers d'aliénation.

(95) *Ibid.*, p. 95.

La formation de responsables aptes à construire des relations de communion s'est également avérée être un facteur nécessaire et déterminant dans la prévention du burn out.

La logothérapie et tout particulièrement l'exemple de son fondateur Viktor Frankl sont des ressources précieuses. J'espère que le lecteur a pu trouver une synthèse complète et satisfaisante de cette théorie de la psychologie existentielle, qui nous fait mettre en jeu notre liberté et notre responsabilité pour découvrir un sens à notre vie. J'invite à ne pas intellectualiser ces principes mais plutôt à les vivre.

Viktor Frankl a observé que « la plupart des prisonniers des camps croyaient que leurs véritables possibilités de se réaliser étaient perdues. Pourtant, l'occasion et les défis étaient là. On pouvait ou bien transformer les expériences vécues en triomphes, faire de sa vie une victoire sur soi-même, ou bien ignorer tout simplement ces défis et végéter [96]. » De façon analogue, le burn out nous donne l'impression que nous sommes morts, sans énergie, usés jusqu'à la moelle par le stress vécu. Relevons alors le défi de la vie et aidons les bons Samaritains à ne pas s'exténuer car leur travail dans le monde est irremplaçable. Que les hommes « qui descendent de Jérusalem à Jéricho » trouvent dans les péripéties de leur périlleux voyage des Samaritains qui portent des pansements, de l'huile et du vin pour soigner, consoler et sauver.

---

(96) *Ibid.*, p. 79.

BIBLIOGRAPHIE ESSENTIELLE

Livres de Viktor E. Frankl en français

La Psychothérapie et son image de l'homme, Le Centurion Resma, Paris 1970.

Nos raisons de vivre. À l'école du sens de la vie, Interéditions, Paris 2009.

Le Dieu inconscient, psychothérapie et religion, Interéditions, Paris 2012.

Découvrir un sens à sa vie (avec la logothérapie), Les Éditions de l'Homme, Montréal 2013.

Livres cités

FROMM Erich, *L'Art d'aimer,* Desclée de Brouwer 2007.

LUBICH Chiara, *Un nouvel art d'aimer,* Nouvelle Cité 2006.

SOLOVIEV Vladimir, *Le Sens de l'amour,* O.E.I.L., Paris 1985.

Van Kaam Adrian, *The Art of Existential Counseling,* Wilkes-Barre (Pennsylvania) 1966.

Weil Simone, *Attente de Dieu,* La Colombe-Éditions du Vieux Colombier 1950.

—, *La Pesanteur et la Grâce,* Librairie Plon 1988.

TABLE DES MATIÈRES

COLLECTION « VIE DES HOMMES »

Des ouvrages de référence, sur des thèmes de société, pour aller en profondeur sur une problématique et poser un regard clairvoyant sur les défis de notre temps.

L'engagement et l'expérience personnels des auteurs sur ces questions garantissent la pertinence des propos.

Par ordre alphabétique de titres :

À la rencontre des personnes de la rue, « Aux captifs, la libération », Jean-Guilhem Xerri et Pierre-Olivier Boiton

ABC des nullités de mariages catholiques (L'), Père Jacques Vernay et Bénédicte Draillard

Adoption (L'), réalité humaine et spirituelle, Pierre-Yves Camiade

Alzheimer mon frère, Bernard Cramet, nouvelle édition

Ambitions pour notre Église, Mgr André Lacrampe, archevêque de Besançon

Approcher la personne qui souffre, Violaine Journois

Art de vivre sa fertilité (L'), Josef Rötzer

Burn out des bons Samaritains (Le), La logothérapie comme alternative à l'épuisement professionnel, Roberto Almada

Ces chrétiens qui dérangent, les recommençants, Élisabeth Chenevez

Ces surdoués de la relation, Un regard sur les personnes porteuses de trisomie 21, Julien Perfumo

Couple, le pari du dialogue, Sexualité, tendresse, communication, crises, Maria et Raimondo Scotto, Anna et Alberto Friso, Maddalena Petrillo Triggiano

Dynamique de l'intimité (La), Yves Bégin, 2e édition
Économie de communion, des entreprises osent le partage, Mouvement des Focolari, nouvelle édition 2008
Entre laboratoires et mosquées, un évêque face à la complexité, Michel Dubost (évêque d'Évry-Corbeil-Essonnes)
Entreprise au risque de l'Évangile (L'), témoignages et réflexions, Notre-Dame de Pentecôte, La Défense, Jean-Paul Lannegrace et Patrick Vincienne
Espérance insoumise (L'), les religions moteurs de la réconciliation sociale et politique, Mouvement International de la Réconciliation (MIR) (branche française)
Foi, un art de vivre (La), Gérard Testard (entretiens avec Muriel du Souich)
Génie et le cloître (Le), une biographie spirituelle et artistique de mère Geneviève Gallois, Catherine Marès
Jusqu'au bout, Mgr Georges Casmoussa, archevêque de Mossoul, Irak (entretiens avec Luc Balbont et Joseph Alichoran)
Lettres à la France (1794-1798), Idées pour la libération du Peuple Noir d'Haïti, Toussaint Louverture, introduction et appareil critique d'Antonio Maria Baggio et Ricardo Augustin
Nouvelles conjugalités et sacrement de mariage, Pastorale familiale du diocèse de Carcassonne et Narbonne
Parents, enfants, écrans, Maria Teresa Siniscalco et Mario Ponta
Pari de la confiance (Le), Maria Voce (présidente du mouvement international des Focolari)
Pour une économie de communion, Collectif, 2e édition
Profession assistante sociale, Ecrits professionnels, volume 1, textes publiés de son vivant, Madeleine Delbrêl (Œuvres complètes, tome V)

Quelle âme pour l'Europe? 250 communautés et mouvements chrétiens *Ensemble pour l'Europe,* Gérard TESTARD
Quelles ressources pour vivre le deuil, Violaine JOURNOIS
Regard sur l'école, avec confiance malgré tout, Michel LE CORNO
Risque éducatif (Le), Luigi GIUSSANI, nouvelle édition
Séparés, divorcés, le chemin du pardon, Paul SALAÜN
Service social entre personne et société (Le), Écrits professionnels, volume 2, textes inédits, Madeleine DELBRÊL (Œuvres complètes, tome VI)
Soigner, un défi pour aujourd'hui (un urgentiste témoigne), Jean-Marc BEAUFILS
Transmettre l'amour, l'art de bien éduquer, Paul LEMOINE, nouvelle édition 2009 (48e mille)
Veux-tu servir ou être servi? Un évêque parmi les jeunes, Benoît RIVIÈRE, évêque d'Autun, Chalon et Mâcon
Village Saint Joseph (Le), Et tout devient possible, Monique MEDIANI
Voulez-vous de nous? (Quelle place dans la société pour les personnes en situation de handicap mental?), Julien PERFUMO

Pour être tenu informé des publications des éditions Nouvelle Cité et recevoir notre catalogue, veuillez adresser vos coordonnées à :

Éditions Nouvelle Cité
Domaine d'Arny
91680 Bruyères-le-Châtel
France

ou à :

editions@nouvellecite.fr

NOM : ....
Prénom : ....
Adresse : ....
....
Code postal : ....
Ville : ....
Pays : ....
email : ....

Je souhaite être informé(e) des publications de la maison d'édition Nouvelle Cité.

www.nouvellecite.fr

Achevé d'imprimer en février 2015
sur les presses de la Nouvelle Imprimerie Laballery
58500 Clamecy
Dépôt légal : février 2015
Numéro d'impression : 502109

Imprimé en France

La Nouvelle Imprimerie Laballery est titulaire de la marque Imprim'Vert®